Hans Baumgardt
Ohne Fleisch gesund leben

Hans Baumgardt

Ohne Fleisch gesund leben

Waldthausen

3. Auflage 1996

Satz und Gestaltung: GrafikStudio Bornkampf, Ritterhude
Druck: Buchdruckwerkstätten Hannover

Dieses Buch wurde auf chlorfrei gebleichtem Papier hergestellt

ISBN 3-926453-00-1

Printed in Germany

Inhaltsverzeichnis

Vorwort

Ohne Fleisch, d. h. vegetarisch zu leben ist viel einfacher, als die meisten Menschen es sich vorstellen können. Ich habe viele Menschen erlebt, die zum ersten Male in ihrem Leben Freude am Zubereiten von vegetarischen Mahlzeiten hatten.

Vegetarisch zu leben findet sofortige Belohnung durch erhöhte Körperenergie, bessere Verdauung, erhöhte geistige Klarheit und angenehmeren Körpergeruch. Die strahlende Gesundheit, die sich durch eine vegetarische Lebensweise nach einiger Zeit einstellt, ist nicht nur körperlicher, sondern auch geistiger und seelischer Natur. Diese Prinzipien lernte ich erschöpfend kennen bei der Life Science in Austin/Texas, wo u. a. auch Bücher von *Barbara Parham* für die Ausbildung von »Hygienists« (GesundheitsPraktikern) verwendet werden.

Dieses Buch ist im wesentlichen eine Übersetzung dieser Schriften, wobei außerdem auch bekannte europäische Ernährungsfachleute zu Worte kommen.

Ich bin davon überzeugt, daß in der vegetarischen Lebensweise die Zukunft der Menschheit in Frieden liegen wird.

Hans Baumgardt

Warum kein Fleisch?

Wenn jemand von vegetarischer Ernährung hört, fragt er meistens: *»Warum soll es falsch sein, Fleisch zu essen? Millionen essen Fleisch, warum sollte ich damit aufhören«?* Es gibt sehr wichtige Gründe dafür, warum es sinnvoll ist, kein Fleisch zu essen! Diese Gründe sind nicht emotional oder sentimental, sondern überzeugend und wissenschaftlich begründet. Wenn Sie alle Argumente sorgfältig prüfen, werden Sie es sich wahrscheinlich überlegen, ob nicht etwas dran ist an einer vegetarischen Ernährung.

Unsere Vorfahren haben doch immer Fleisch gegessen!

Wissenschaftler haben nach umfangreichen Studien und Untersuchungen festgestellt, daß unsere frühen Vorfahren Vegetarier waren. Sie haben kein Fleisch gegessen, außer in extremen Krisenzeiten. Erst während der letzten Eiszeit, als es ihre normalen Lebensmittel wie Früchte, Nüsse und Gemüse nicht mehr in ausreichender Menge zu jeder Jahreszeit gab, waren die Früh-Menschen gezwungen, tierische Nahrung zu sich zu nehmen, um zu überleben. Die Gewohnheit des Fleischessens blieb nach der Eiszeit leider erhalten, entweder durch eine Notlage wie zum Beispiel bei den Eskimos und Stämmen, die im hohen Norden leben, oder durch die Gewohnheit oder durch den Mangel an richtigem Wissen. Im Laufe der Geschichte gab es jedoch immer Menschen und ganze Volksgruppen, die Vegetarier blieben aus der Erkenntnis der Wichtigkeit solch einer reinen Ernährung für Gesundheit, Geistesklarheit und seelisch-geistiges Leben.

Ist Fleischessen denn nicht die naturgemäße Ernährung des Menschen?

Wissenschaftler wissen, daß die Nahrung eines jeden Tieres seiner physiologischen Struktur entspricht. Die menschliche Physiologie, seine körperlichen Funktionen und sein Verdauungssystem, alle diese Dinge sind völlig verschieden von denen der fleischfressenden Tiere.

Wirbeltiere können wir gemäß ihrer Nahrung in drei Gruppen einteilen:

Fleisch-Fresser,
Gras- und Blätter-Fresser und
Frucht-Fresser.

Wir wollen einmal die einzelnen Gruppen überprüfen, um zu sehen, in welche Gruppe die Menschen hineinpassen.

Fleisch-Fresser

Fleischfressende Tiere, wie der Löwe, Hund, Wolf, die Katze usw. haben viele gemeinsame Eigenschaften, die sie von allen anderen Mitgliedern des Tierreiches unterscheiden. Sie alle besitzen ein einfaches und kurzes Verdauungssystem, das nur dreimal so lang ist wie ihre Körperlänge. Der Grund hierfür liegt darin, daß Fleisch sehr schnell verwest und die Zersetzungsprodukte schnell das Blut vergiften würden, wenn sie zu lange im Körper bleiben. Darum hat sich ein kurzer Verdauungsapparat entwickelt, damit die Fäulnisbakterien des verwesenden Fleisches schnell ausgeschieden werden können. Fleischfresser haben zudem Mägen mit einer **zehn-bis zwanzigfachen** Menge an Salzsäure gegenüber denen der nicht fleischfressenden Wirbeltiere, um sehniges und knorpeliges Gewebe und Knochen verdauen zu können.

Walter Sommer[1)] schreibt hierzu in seinem Buch »Das Urgesetz der natürlichen Ernährung«: *»Man lese in diesem Zusammenhang die Schriften von Pythagoras, Plutarch, Franz von Assissi, Chrysostomos und die Schriften der Vorkämpfer des Vegetarismus. Der Vorwand, die Raubtiere nähren sich doch nur vom Fleisch anderer Tiere und in der Natur frißt eine Tierart die andere, ist an sich nicht stichhaltig. Der Magen-Darmkanal der Raubtiere und Greifvögel ist entsprechend ihrer Ernährungsart ganz anders gebaut als der des Menschen.«*

Fleischfressende Tiere, die in der Kühle der Nacht jagen und in der Hitze des Tages schlafen, haben keine Schweißdrüsen, um ihre Körper zu kühlen. Daher schwitzen sie nicht durch die Haut, sondern über ihre Zungen.

Wir kennen das alle von Hunden, wenn sie bei Hitze oder nach einer größeren Anstrengung »hecheln«.

Auf der anderen Seite verbringen vegetarisch lebende Tiere, wie beispielsweise die Kuh, das Pferd, das Zebra, das Rotwild die meiste Zeit in der Sonne während ihrer Nahrungssuche und schwitzen ausgiebig durch ihre Haut, um so ihre Körper zu kühlen.

Aber der wichtigste Unterschied zwischen den Fleischfressern von Natur aus und anderen Tieren sind ihre Zähne. Zusammen mit scharfen Krallen besitzen alle fleischfressenden Tiere mächtige Kinnbacken und spitze, lange Fangzähne, um zähe Haut durchbohren und Fleisch zerreißen zu können. Sie haben keine Mahlzähne (flache Backenzähne), wie sie vegetarisch lebende Tiere zum Zermahlen ihrer Nahrung benötigen. Im Gegensatz zu Samen und Körnern braucht Fleisch nicht im Mund zerkaut zu werden, damit es vorverdaut wird. Die Verdauung geschieht überwiegend im Magen- und Darmtrakt. Eine Katze zum Beispiel kann fast gar nicht kauen.

Interessant ist, was der schwedische Ernährungswissenschaftler *Are Waerland* [2)] dazu sagt:

»In manchen Büchern, sogar in Schulbüchern, kann man lesen, daß wir auch Zähne zum Fleischessen hätten. Das ist falsch, denn die Zähne der Fleischfresser sind anders gebaut. Man hat die bei unseren nächsten Verwandten, besonders dem Gorilla, stark entwickelten Eckzähne im Oberkiefer als Beweis benutzt und gemeint, daß diese für

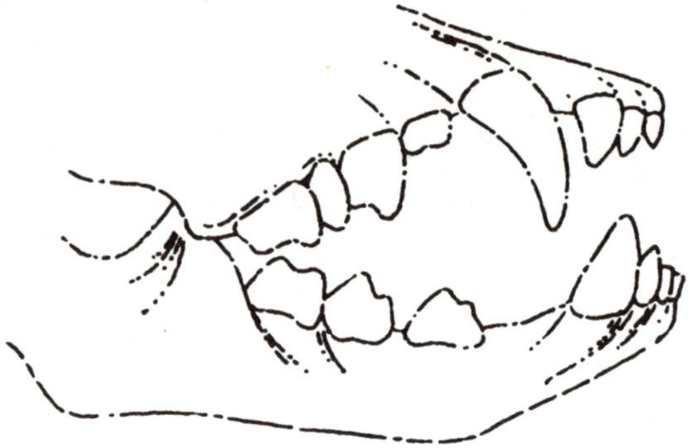

Fleischesser gemacht seien. Das ist aber wiederum ein Irrtum, denn der Gorilla benutzt seine großen Eckzähne nur als Greiforgane und als schreckeinjagende Verteidigungswaffe.

Es gibt überhaupt keine nur Fleisch essenden Tiere oder Menschen, weil kein Tier und kein Mensch sich ausschließlich von Fleisch ernähren kann.

Die Raubtiere wie z. B. die Katzen, fressen ihre Beute mit allen Teilen vollständig auf, mit Haut, Füßen, Kopf Schwanz und allen inneren Organen.

Das Fleisch hat, wie wir wissen, eine stark säurebildende Wirkung. Um diese Säure zu neutrali-

sieren, braucht das Raubtier die basischen Mineralien und Salze aus den Gelenkknochen. Darum ist ein solcher Knochen auch für jedes Raubtier ein besonderer Leckerbissen - genau wie für die fleischessenden Eskimos, die tagelang Stücke von Gelenkkapseln im Munde tragen und daran saugen und knabbern, um - wie die Raubtiere - neutralisierende Basen und Salze zu bekommen. Die Eskimos essen ja auch sämtliche Organe des erlegten Tieres roh, wie Leber, Nieren und Därme und zerbrechen mit Hammer und Meißel die Knochen, um an das Mark heranzukommen, bleiben aber doch übersäuert. Sie haben daher auch ein sehr niedriges Durchschnittsalter.«

Gras- und Blätter-Fresser

Gras- und blätterfressende Tiere wie z. B. Elefanten, Kühe, Schafe, Rehe leben von Gras, Kräutern, Blättern und anderen Pflanzenteilen. Die Verdauung dieser Art von Nahrung beginnt im Mund mit dem Enzym Ptyalin mit Speichel (Enzyme sind chemische Ab- oder Umbauvorgänge in Gang setzende oder beschleunigende besondere Eiweißmoleküle).Diese Art von Nahrung muß gut gekaut und gründlich mit dem Ptyalin vermischt werden, damit sie aufgeschlossen wird. Aus dem Grunde haben Gras- und Blätter-Fresser 24 »Mahl«-Zähne, womit eine leichte seitliche Hin- und Her-Bewegung möglich ist, um die Nahrung zu zermahlen, ganz im Gegensatz zu den sich ausschließlich auf und abbewegenden Kinnbacken der Fleischfresser. Grasfresser haben keine Krallen oder scharfe Zähne. Sie trinken, indem sie Wasser in ihre Mäuler aufsaugen - im Gegensatz dazu lecken alle Fleischfresser mit ihrer Zunge das Wasser auf. Da sie im Gegensatz zu den Fleischfressern keine schnell faulende Nahrung zu sich nehmen, haben sie ein viel längeres Verdauungs-System - es ist etwa zehnmal so lang wie ihr Körper!

»Solange es Schlachthäuser gibt, wird es Schlachtfelder geben.«
Tolstoi

Die Früchte-Fresser

Diese Tiergruppe umfaßt hauptsächlich die Menschenaffen, die direkten tierischen Verwandten der Menschen. Die Nahrung von Affen besteht überwiegend aus Früchten und Nüssen. Ihre Haut hat Millionen von Poren zum Schwitzen, und sie haben auch Mahlzähne, um ihre Nahrung kauen und zermahlen zu können.

lhr Speichel ist alkalisch und enthält wie bei den Gras-und Blätterfressern Ptyalin für die Vorverdauung. Ihre Eingeweide haben extrem viele Windungen und sind zwölfmal so lang wie ihr Körper und daher geeignet für die langsame Verdauung von Früchten und Pflanzen.

Wir Menschen

Die menschlichen Charakterisken sind denen der Früchteesser in jeder Weise gleich, ähnlich denen der Gras- und Blätter-Fresser, aber sehr verschieden von denen der Fleischfresser. Dies geht klar aus der Übersichtstafel auf den Seiten 22-23 hervor. Das menschliche Verdauungssystem, die Zahn- und Kiefer-Struktur und die körperlichen Funktionen sind völlig verschieden von denen der fleischfressenden Tiere. Wie im Falle der Menschenaffen hat das menschliche Verdauungssystem die zwölffache Körperlänge. Ferner hat unsere Haut Millionen winziger Poren zur Verdunstung von Wasser zur Kühlung des Körpers durch Schwitzen. Wir trinken Wasser durch Saugen wie alle vegetarisch lebenden Tiere. Unsere Zahn- und Kieferstruktur ist für vegetarische Nahrung eingerichtet und unser Speichel ist alkalisch und enthält Ptyalin für die Vorverdauung von Körnernahrung. Menschen sind gemäß ihrer Physiologie eindeutig **keine Fleischesser.** Unsere Anatomie und unser Verdauungsapparat zeigen, daß wir uns über Millionen von Jahren bei

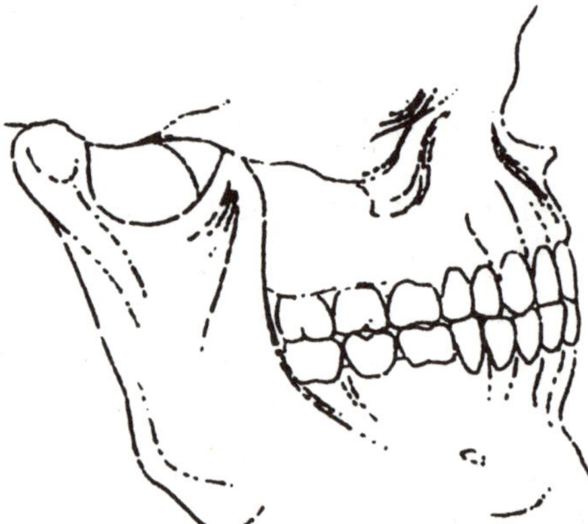

einem Verzehr von Früchten, Nüssen, Körnern und Pflanzen (Salate, Gemüse) entwickelt haben. Weiterhin ist es augenscheinlich, daß unsere natürlichen Instinkte nicht auf Fleischverzehr ausgerichtet sind. Die meisten Menschen **lassen andere töten,** um Fleisch für sich zu erhalten. Die meisten würden krank, wenn sie Tiere selbst schlachten müßten. Anstatt rohes Fleisch zu essen, wie es alle fleischfressenden Tiere tun, kochen, backen oder braten wir Menschen es und versetzen es mit den verschiedensten Soßen und Gewürzen, so daß es keine Ähnlichkeit mehr mit dem rohen Zustand hat. Ein Wissenschaftler erklärt dies folgendermaßen: *»Eine Katze sondert Speichel ab, sobald sie rohes Fleisch riecht, aber niemals beim Geruch von Obst. Wenn ein Mensch Freude und Genuß dabei finden würde, sich auf einen Vogel zu stürzen, dessen noch lebende Glieder mit seinen Zähnen zu zerreißen und das warme Blut aufzusaugen, dann könnte man daraus schließen, daß die Natur ihn mit einem fleischverzehrenden Instinkt ausgerüstet hat. Allein die Vorstellung daran läßt uns schauern! Andererseits macht ihm ein Bund köstlicher Weintrauben den Mund wäßrig und - auch ohne Hunger zu haben -, wird er sie essen, weil sie so gut schmecken.«*

Fragt man einen Kranken, der sich nichts aus Fleisch macht und der den Vegetarismus aus ethischen Gründen bejaht, weshalb er trotzdem Fleisch esse, so kommt immer dieselbe Antwort: *»Wie soll ich sonst meinen Eiweißbedarf decken«?* Die Angst, nicht genug mit Eiweiß versorgt zu sein, wenn kein Fleisch gegessen wird, sitzt so tief und fest und ist so allgemein verbreitet, daß die Hinweise darauf, daß dieses Dogma durch wissenschaftliche Forschungen schon längst als Irrlehre entlarvt sei, stets auf Zweifel und Ungläubigkeit stoßen. Der Kranke gibt zu verstehen, daß er diesen neuen Erkenntnissen nicht traue und daß er nicht zu dem Wagnis bereit sei, sich durch Weglassen von Fleisch einer Gefährdung seiner Gesundheit auszusetzen.

Was seit fast einem Jahrhundert von allen Wissenschaftlern und Ärzten - bis auf einige Ausnahmen, die nicht ernst genommen wurden - gelehrt wurde, kann nicht plötzlich falsch sein, denkt der Kranke. Der Glaube an die alten Autoritäten und die Ehrfurcht vor dem Althergebrachten sind stärker als der Glaube an die Richtigkeit neuer Erkenntnisse.

Die Tatsache, daß dem normal veranlagten Menschen eine natürliche Abscheu innewohnt, Menschen und Tiere zu töten, und daß die wenigsten Menschen die Tiere selbst töten, die sie essen, wird also von der Vorstellung, das Essen von Tieren sei zur Gesunderhaltung nötig, übertönt.

Die große Anzahl der Kranken, die nach Übergang auf eine vollwertige vegetarische Kost Heilung oder eine Besserung ihrer Krankheitserscheinungen erzielten, die sie mit der üblichen Zivilisationskost nicht erreichten, ist ein beredtes Zeugnis dafür, daß Fleischverzehr nicht nötig ist. Es darf wohl angenommen werden, daß eine Nahrung, die einem Kranken Heilung zu bringen vermag, auch in gesunden Tagen von Vorteil und für die Verhütung von Krankheiten geeignet ist.

Wissenschaftler und Naturforscher - einschließlich dem großen *Charles Darwin,* der die Entwicklungs-Theorie aufgestellt hat - sie alle stimmen darin überein, daß Früh-Menschen Früchte- und Gemüse-Esser waren und daß sich durch die Geschichte hindurch unser Körperbau nicht geändert hat.

Der große schwedische Wissenschaftler *von Linne* stellt fest: *»Die Struktur des Menschen, äußerlich und innerlich, zeigt beim Vergleich mit denen von Tieren, daß Früchte und Pflanzen seine natürliche Nahrung darstellen«*. So ergibt sich klar aus wissenschaftlichen Untersuchungen, daß physiologisch, anatomisch und instinktmäßig der Mensch perfekt angepaßt ist an den Verzehr von Früchten, Gemüsen, Nüssen und Körnern.

Fleischfresser	Blätter- und Gras-Fresser
Krallen	keine Krallen
keine Poren in der Haut, schwitzt über die Zunge, um Körper zu kühlen	schwitzt durch Millionen von Hautporen
scharfe, spitze Vorderzähne zum Zerreißen von Fleisch	keine scharfen, spitzen Vorderzähne
kleine Speicheldrüsen im Mund	gut entwickelte Speicheldrüsen, notwendig zur Vorverdauung von Körnern und Früchten
saurer Speichel, kein Enzym Ptyalin zur Vorverdauung von Körnern	alkalischer Speichel, viel Ptyalin zur Vorverdauung
keine flachen Mahlzähne, um Nahrung zu zerkauen	flache Backen-Mahlzähne zum Zerkauen der Nahrung
viel starke Salzsäure im Magen, um harte Tiermuskeln, Knochen usw. zu verdauen	Magensäure bis zu 20 x geringere Stärke als bei Fleischfressern
innerer Verdauungskanal nur das Dreifache der Körperlänge, so daß schnell verwesendes Fleisch schnell aus dem Körper heraus kann	innerer Verdauungskanal hat das Zehnfache der Körperlänge; Blätter und Körner verwesen nicht so schnell und können daher langsamer durch den Körper passieren

Früchtefresser	Menschen
keine Krallen	keine Krallen
schwitzt durch Millionen von Hautporen	schwitzt durch Millionen von Hautporen
keine scharfen, spitzen Vorderzähne	keine scharfen, spitzen Vorderzähne
gut entwickelte Speicheldrüsen, notwendig zur Vorverdauung von Körnern und Früchten	gut entwickelte Speicheldrüsen, notwendig zur Vorverdauung von Körnern und Früchten
alkalischer Speichel, wenig Ptyalin zur Vorverdauung	alkalischer Speichel,wenig Ptyalin zur Vorverdauung
flache Backen-Mahlzähne zum Zerkauen der Nahrung	flache Backen-Mahlzähne zum Zerkauen der Nahrung
Magensäure bis zu 20 x geringere Stärke als bei Fleischfressern	Magensäure bis zu 20 x geringere Stärkeals bei Fleischfressern
innerer Verdauungskanal das Zwölffache der Körper länge; Früchte verwesen nicht so schnell und können daher langsamer durch den Körper passieren	innerer Verdauungskanal hat das Zwölffache der Körperlänge

»Es ist meine Meinung, daß die vegetarische Lebensweise schon allein durch den physikalischen Effekt auf das menschliche Temperament sich äußerst wohltuend auf den Großteil der Menschheit auswirken würde«.

Albert Einstein

Die Geschichte des Vegetarismus

In der überlieferten Geschichte finden wir von Beginn an, daß vegetarische Nahrung als natürliche Ernährung der Menschheit betrachtet wurde. Die alten Griechen, Ägypter und Hebräer beschrieben den Menschen als Früchte-Esser. Die weisen Priester im alten Ägypten aßen niemals Fleisch. Viele große griechische Weisen - einschließlich *Plato, Sokrates und Pythagoras* - waren eifrige Befürworter der vegetarischen Ernährung. Die große Zivilisation der Inka-Indianer basierte auf vegetarischer Nahrung. In Indien beschwor *Buddha* seine Jünger, kein Fleisch zu essen. Die Heiligen des *Tao* und die Weisen dieser Lehre waren Vegetarier. Die frühen Christen und Juden waren ebenfalls Vegetarier. Die Bibel sagt klar: *»Und Gott sagte - Siehe Ich habe dir alle kräutertragenden Samen gegeben, die auf der Oberfläche der Erde sind, und jeder Baum, der Früchte trägt, dies sei für dich das Fleisch.« (Genesis 1:29)*

Der *hl. Paulus,* einer der Jünger von *Jesus,* schrieb in seinem Brief an die Römer: *»Es ist gut, kein Fleisch zu essen . . .« (Römer 14:21)*

Die alten Hindus in Indien haben das Essen von Fleisch immer verboten. Das heilige Buch des Islams, der Koran, verbietet das Essen von *»toten*

Tieren, Blut und Fleisch ....«. Einer der ersten Kalifen nach *Mohammed,* dessen eigener Neffe, empfahl den fortgeschrittenen Schülern:

»Macht nicht eure Mägen zum Grab von Tieren«. Wir sehen somit, daß durch die Geschichte hindurch viele weise und gelehrte Männer die vegetarische Ernährung angenommen haben, und daß sie anderen dringend geraten haben, das Gleiche zu tun.

Kürzlich haben Historiker alte Texte entdeckt, die ähnlich dem Neuen Testament das Leben und die Reden von *Jesus* beschreiben. In einer dieser Schriften sagt *Jesus: »Und das Fleisch der erschlagenen Tiere im Körper eines Menschen werden sein eigenes Grab sein. Denn ich sage euch wahrhaftig, derjenige, der tötet, tötet sich selbst und wer auch immer das Fleisch der erschlagenen Tiere ißt, ißt den Körper des Todes.«* (Essener Evangelium des Friedens)

Hier sei auch auf das interessante Buch des englischen Referendars *Ouseley* [3] hingewiesen »Das Evangelium des vollkommenen Lebens«, in dem berichtet wird, daß nach dem Konzil von Nicaea, die Texte der heiligen Schrift korrigiert wurden. Alle Stellen, in denen die Fleischenthaltung gefordert wird, wurden entfernt. *St. Augustin* erzählt: »*Jacobus, der Bruder des Herrn, lebt von Sämereien und Pflanzen und berührte weder Fleisch noch Wein*«

> *Da entgegnete Daniel .... »Mache einmal einen Versuch mit deinen Knechten zehn Tage lang, und laß uns Pflanzenkost zu essen und Wasser zu trinken geben. Dann möge unser Aussehen und das Aussehen der anderen jungen Leute, die von der königlichen Tafel Fleisch zu essen bekommen, von dir besichtigt werden: und je nachdem du es dann befinden wirst, magst du mit deinen Knechten verfahren. «*
>
> *Da ging er auf ihren Vorschlag ein und machte 10 Tage lang einen Versuch mit ihnen. Und nach Ablauf der 10 Tage sahen sie gesünder und besser genährt aus als alle die anderen jungen Leute, welche von der königlichen Tafel Fleisch zu essen bekamen.*
>
> *Daniel I, 11-15*

Welche Vegetarier-Gruppen gibt es?

Bei den Vegetariern gibt es verschiedene Richtungen, die sich zwar alle einig sind im Verzicht auf Fleisch, aber doch wesentliche Unterschiede aufweisen:

Lactovegetarier	essen Rohkost, gekochte Kost einschließlich Milch und Milchprodukte
Ovo-Lacto-Vegetarier	essen zusätzlich auch Eier und Eiprodukte
Veganer	essen Rohkost, gekochte Kost (**keine** Milch und Eier)
Rohkost-Veganer	essen Früchte, Salat, Gemüse und Nüsse fast **nur** roh

Die vierte vegetarische Gruppe ist die Gesündeste. Sie hat die niedrigste Krankheitsrate. Früchte stellen den Hauptteil der Nahrung.

Der »Puddingvegetarier« läßt zwar Fleisch weg, aber lebt sonst wie alle anderen »normal« von gekochter, toter Fabriknahrung. Diese Menschen sind meistens kränklich, blaß und ohne Energie.

Was sind die Gefahren des Fleisch-Essens?

Die Eskimos, die überwiegend von Fleisch und Fett leben, altern schnell und haben eine Durchschnitts-Lebenserwartung von 27 1/2 Jahren. Die Kirgisen, ein Nomadenstamm im östlichen Rußland, leben hauptsächlich von Fleisch, sie reifen früh und sterben auch früh, sie werden selten über 40 Jahre alt.

Im Gegensatz dazu haben praktische Untersuchungen von Anthropologen bei fleischfreien Kulturen strahlende Gesundheit festgestellt, ferner Ausdauer bei körperlichen Anstrengungen und Langlebigkeit. All dieses erfreuen sich solche Völker, wie beispielsweise die Hunza in Pakistan, der Otomi Stamm (Eingeborene in Mexiko) und Naturvölker in Südwest-Amerika. Es ist nichts Ungewöhnliches bei solchen Völkern, daß sie gesunde und aktive Menschen unter sich haben, die 110 Jahre alt sind oder noch älter. Die Welt-Gesundheits-Statistiken zeigen laufend, daß diejenigen Nationen, die den höchsten Fleischkonsum haben, auch die höchsten Krankheitsraten aufweisen (Gicht, Arthritis, Arthrose, Herzkrankheiten, Krebs usw.) und vegetarisch lebende Volksgruppen in verschiedenen Ländern die niedrigsten Krankheitsraten zeigen.

Warum haben Fleischesser mehr Krankheiten und sterben früher?

Vergiftungen

Tiere stehen Todesangst aus gerade vor oder beim Schlachten, wodurch die Biochemie der verängstigten Tiere tiefgehende Veränderungen unterliegt. Giftige Nebenprodukte werden überall im Körper erzeugt und vergiften somit den gesamten Körper.

Genauso, wie unser Körper in Zeiten von intensiver Wut oder Furcht krank wird, so entstehen bei Tieren, nicht weniger wie bei den Menschen, tiefgreifende biochemische Veränderungen in gefährlichen Situationen. Der Hormonspiegel im Tierblut - insbesondere das Hormon Adrenalin - unterliegt einem radikalen Wandel, wenn sie andere Tiere in ihre Nähe sterben und vergeblich um Leben und Freiheit kämpfen sehen.

Diese großen Hormon-Mengen bleiben im Fleisch und vergiften später die menschlichen Gewebe.

Aber nicht nur der hohe Adrenalingehalt des Fleisches ist für den Menschen schädlich. Die spätere Verarbeitung, vor allem die Konservierung, verursachen zusätzliche Giftbelastung. Treffend schreibt *W. Sommer* [1]:

»Wir wissen, daß mit der Tötung des Tieres der Verwesungsvorgang einsetzt, ob das Tier eines natürlichen Todes gestorben ist oder geschlachtet wurde, bleibt sich gleich. Bei der Verwesung zerfällt das Fleisch in die stickstoffhaltigen Fleischbasen: Xanthin, Kreatin und Sarkin. Bei der Auflösung dieser Fleischbasen bilden sich Zersetzungsgifte schlimmster Art. Die bekanntesten sind die Leichengifte, aus denen sich Fleisch,- Wurst- und Fischvergiftungen aller Art entwickeln können. Um diese bei der Verwesung entstehenden Leichengifte zu verhindern, beginnt der Kampf gegen die Fäulnis im Haushalt sowohl als auch in der Fleischerei. Der Eisschrank ist noch das mildeste Mittel gegen die Zersetzung, schlimmer wirken Pökeln, Räuchern und die frischhaltenden Wurstwürzen. Daß beim Genuß von rohem Fleisch als Schabe- oder Hackfleisch z. B. die Bandwurmgefahr und die Übertragung von Trichinen nicht zu vermeiden ist, sei nur am Rande bemerkt. Auch die ordnungsgemäße Fleischbeschau bietet keine absolute Gewähr gegen die Bandwurmentwicklung aus den Fleischfinnen. Bei den Fischen besteht keine Finnen- oder Trichinenschau. Es besteht deshalb beim Fischverzehr die große Gefahr für die Ent-

wicklung des sogenannten Fischbandwurmes im Darm des Menschen. Aus der täglichen Erfahrung wissen wir, daß sich dem verwesenden Fisch mit Vorliebe allerhand Ungeziefer nähert, das sich vom Kadaver nähren möchte. Die Fleischereien und Schlachthäuser führen deshalb einen ständigen Kampf gegen das Ungeziefer, ebenfalls die Kühlhäuser.

Mit der einsetzenden Verwesung verliert das Fleisch die vom Blutfarbstoff stammende Röte und wird graugelb und unansehnlich. Um diese Farbveränderung zu verhindern und unerwünschten Verfärbungen auch bei Fleischwaren vorzubeugen, verwendet man ganz allgemein, sowohl bei Hausschlachtungen als auch in den Fleischereien und Wurstfabriken, Salpeter:

Salpeter ist chemisch ausgedrückt »Kaliumnitrit«, das sich durch Vereinigung mit den Blutsalzen in Nitrit verwandelt. Das Kaliumnitrit erzeugt dann die frisch rote Fleischfarbe. Da nun bei jedem Pökelverfahren und bei jeder Haltbarmachung von Fleischerzeugnissen das Verhältnis des Salpeters, das noch in den Blutsalzen unschädlich gelöst werden kann, niemals genau bestimmt werden wird, so wird unter allen Umständen ein Rest an Salpeter, sei er noch so gering, im fertigen Erzeugnis vorhanden sein.

Infolgedessen wird nach dem Genuß dieser Erzeugnisse durch das Salpeter die erwähnte Blutzersetzung im lebenden Körper des Menschen eintreten. Die Folgen sind schwere Störungen in der Blutbildung, deren Ursache kaum ergründet werden kann, wenn der Zusammenhang mit der Verwendung der Pökelsalze nicht bekannt ist. Es gibt kein Einpökeln ohne Salpeter. Alle Räucher- und Wurstwaren werden mit Salpeter behandelt. In jeder Wurstwürze ist immer Salpeter enthalten.

Da dürfte man sich doch eigentlich über die Entstehung krankhafter Blutzersetzungen nicht wundern. Das Pökeln an sich ist der Vorgang, der bei Herstellung von Dauerfleischwaren durch Einlegen der Fleischstücke in Salzlake besteht.Da nun dieser Salzlake stets Salpeter zugefügt wird, und Salpeter einen bitteren Geschmack hinterlassen würde, setzt man der Pökelbrühe braunen Zucker hinzu, um sowohl den Verwesungsgeschmack als auch den Geschmack des Salpeters zu verdecken. Salz und Zucker sind wasserentziehend, d. h. sie ziehen das Wasser aus dem Gewebe des Fleisches, um sich daran zu sättigen. Die Fleischmasse schrumpft deshalb durch den Pökelvorgang ein. Mit dem Fleischwasser werden aber auch alle wasserlöslichen Nährstoffe aus der Pökelmasse mit herausgezogen, d. h. alle kol-

loidalen, lösbaren Proteine, alle Mineralstoffe und Enzyme, alle noch vorhandenen löslichen Blutsalze, es bleibt nur ein ausgelaugtes, wertloses Produkt, das durch die reichliche Salzzugabe, mit Zucker gemischt, noch eben schmackhaft ist.«

Krebs

Eine durchgeführte Untersuchung bei 50.000 Vegetariern (Die Sieben-Tage-Adventisten) ergab ein Resultat, daß die Welt der Krebs-Forschung schockierte.

Die Studie zeigte klar, daß diese Gruppe eine erstaunlich niedrige Rate von Krebserkrankungen aufwies. Alle Arten von Krebs zeigten bedeutend geringere Raten als in anderen Gruppen, die in Bezug auf Alter und Geschlecht vergleichbar waren. Die Untersuchung ergab ferner, daß die Lebenserwartung der Adventisten eindeutig größer war. Eine Untersuchung bei Mormonen zeigte, daß Krebserkrankungen in dieser Gruppe 50 % geringer auftraten, als bei der normalen Bevölkerung. Mormonen essen bezeichnenderweise wenig Fleisch.

»Solange wir selbst die lebenden Gräber von ermordeten Tieren sind, wie können wir ideale Bedingungen auf der Erde erwarten?«

Leo Tolstoi

Warum bekommen Fleischesser häufiger Krebs?

Fleisch bekommt eine grau-grüne Farbe, wenn es einige Tage alt ist. Die fleischverarbeitende Industrie versucht, diese Verfärbung zu überdecken, indem sie Nitrite, Nitrate und andere Konservierungsmittel beifügt. Diese Substanzen lassen das Fleisch rot erscheinen, aber in den vergangenen Jahren haben sich solche Stoffe wiederholt als krebsfördernd erwiesen.

Britische und amerikanische Wissenschaftler fanden wichtige Unterschiede, als sie bei ihren Studien Bakterien im Verdauungskanal von Fleischessern und denen von Vegetariern verglichen. Bakterien aus den Eingeweiden von Fleischessern ergaben durch Reaktionen mit den Verdauungssäften chemische Stoffe, die nach gesicherten Erkenntnissen Krebs verursachen. Dies könnte erklären, warum Magen- und Darm-Krebs in den Gebieten weit verbreitet sind, wo Fleisch viel verzehrt wird, so z. B. in Nord-Amerika und West-Europa, während solcher Krebs in Ländern mit vegetarisch lebender Bevölkerung außerordentlich selten ist, wie beispielsweise in Indien.

In den Vereinigten Staaten ist Darmkrebs die zweithäufigste Form von Krebs (nach Lungenkrebs). Die Bevölkerung von Schottland, die 20%

mehr Fleisch verzehrt als die Engländer, hat eine der höchsten Raten von Darmkrebs in der Welt.

Schweinefleisch ist besonders schädlich für den Menschen

Schweinefleisch ist von allem Fleischgenuß für den Menschen am schädlichsten. Schweinefleisch ist dem Menschenfleisch am ähnlichsten und ermöglicht einen leichteren biologischen Austausch der Inhaltsstoffe. Laut Feststellung von *Prof. Lettre* wandern Großmoleküle und Peptide (Fleischstücke von Eiweißmolekülen) z.B. bei der Frischzellentherapie dorthin, wohin sie biologisch gehören. Dabei erfolgt der Austausch der humanen Bindegewebsanteile durch die aufgenommenen Nahrungsfaktoren des Schweines. So verschleimt bei Schweinefleischgenuß langsam das Bindegewebe des Menschen,

indem es mit Schweinefett angereichert wird, so daß die Schweinefleischesser bald selbst den Tieren, die sie verspeisen, äußerlich ähnlich werden. Das Sprichwort: *»Der Mensch ist, was er ißt«* findet hier seine Bestätigung.

Forschungen von *Dr. Reckeweg* [4)] ergaben, daß Schweinefleisch als ein bedeutsames Homotoxin (Menschengift) anzusehen ist, das im Körper zu Abwehrerscheinungen führt, die dann als verschiedene Krankheiten in Erscheinung treten. Diese belastenden Stoffe werden auch als Sutoxine bezeichnet.

Bei Schweinefleischessern kann man oftmals eine Aufquellung des Bindegewebes feststellen, das wie ein Schwamm Wasser aufsaugt und typische kissenartige Auftreibungen hervorruft (»Ruben'sche Üppigkeit«).

Grippe-Epedimien sind in Ländern, wo viel Schweinefleisch gegessen wird, stark verbreitet. Nach *Prof. Shope* vom Virusforschungsinstitut in London übersommert der Grippevirus in Schweinelungen und diese werden in der Wurst mitverarbeitet. In mohammedanischen Ländern wird kein Schweinefleisch gegessen und diese werden auch nicht von Grippe-Epedimien heimgesucht.

Chemische Nahrung

Das Essen von Fleisch hat man oft als »Essen auf der Spitze der Nahrungskette« bezeichnet. In der Natur gibt es eine lange Kette der Esser: Pflanzen »essen« Sonnenlicht, Luft und Wasser; Tiere essen Pflanzen; größere Tiere und Menschen essen kleinere Tiere. Nun, überall auf der Welt werden Felder mit giftigen chemischen Stoffen bearbeitet wie z. B. Kunstdünger und Schädlingsbekämpfungsmittel. Diese Stoffe verbleiben im Körper der Tiere, die Pflanzen und Gräser fressen und wirken langzeitig als Gifte. Zum Beispiel werden Felder in vielen südamerikanischen, afrikanischen und asiatischen Ländern immer noch mit dem chemischen Insektenvertilgungsmittel DDT besprüht.

Dies ist ein starkes Gift, von dem Wissenschaftler sagen, daß es Krebs, Unfruchtbarkeit und ernste Lebererkrankungen hervorrufen kann. DDT, aber auch andere Schädlingsbekämpfungsmittel verbleiben im tierischen Fett (auch bei Fischen) und wenn sie einmal vorhanden sind, sind sie sehr schwierig abzubauen. Da Kühe Gras oder Nahrung zu sich nehmen, das Schädlingsbekämpfungsmittel enthält, verbleiben diese Gifte überwiegend im Körper der Tiere. Wenn Sie Fleisch essen, nehmen Sie alle die sich im Laufe des Tierlebens angesammelten Mengen DDT oder anderer Chemikalien in sich auf. Durch das Essen an der »Spitze«, d. h. dem Ende der Nahrungskette werden die Menschen die Endverbraucher und somit die Empfänger der höchsten Konzentrationen von giftigen Schädlingsbekämpfungsmitteln. Es ist eine Tatsache, daß Fleisch 13mal so viel Schädlingsbekämpfungsmittel enthält als Gemüse, Früchte und Gras. Die Iowa State Universität hat Versuche durchgeführt, die zeigten, daß das meiste DDT in menschlichen Körpern vom Fleischverzehr stammt. Aber die Vergiftung des Fleisches hört damit nicht auf. Schlachttiere werden noch mit vielen chemischen Stoffen bearbeitet zur schnelleren Mästung, zur Verbesserung der Farbe des Fleisches usw. Um nun den größten Gewinn durch eine hohe Fleischproduktion zu erreichen, werden Tiere zwangsgefüttert und mit Wachstumshormonen gespritzt. Weiterhin werden ihnen Appetitanregungsmittel, Antibiotika, Beruhigungsmittel und chemische Futtermischungen gegeben.

Die *New York Times* berichtete:

»Die höchste Gefahr für die Gesundheit der Verbraucher sind die versteckten Seuchen-Bakterien, wie zum Beispiel Salmonellen sowie Rückstände aus der Verwendung von Pestiziden, Nitraten, Nitriten, Hormonen, Antibiotika und anderer Chemikalien.«

Man hat herausgefunden, daß viele dieser chemischen Stoffe Krebs verursachen und tatsächlich sterben viele Tiere an den Folgen dieser Drogen, ehe sie geschlachtet werden.

Da sich Bauernhöfe zu Tierfabriken entwickelt haben, sehen viele Tiere nie mehr das Tageslicht. Sie verbringen ihr Leben zusammengepfercht in grausamer Umgebung, um schließlich mit einem brutalen Tod zu enden.

Ein besonderer Fall in dieser Hinsicht sind die »modernen« Hühner-Farmen. Gemäß einem Artikel in der *Chicago Tribune* werden die Eier in der obersten Etage ausgebrütet. Die Küken werden dann stimuliert, gedopt und zwangsgefüttert. Sie fressen gierig in ihren winzigen Käfigen und haben niemals Bewegung oder frische Luft. Während sie wachsen, kommen sie jeweils insgesamt eine Etage tiefer. Sobald sie dann die unterste Etage erreicht haben, werden sie geschlachtet. Solche unnatürlichen Praktiken bringen nicht nur die chemischen Abläufe im Körper der Hühner durcheinander und zerstören ihre natürlichen Gegebenheiten, sondern rufen unglücklicherweise auch bösartige Tumore und andere Gewebsumbildung als häufiges Ergebnis hervor

Krankheiten bei Tieren

Eine weitere Gefahr die den Fleischessern droht, ist die Tatsache, daß Tiere oft mit Krankheiten infiziert sind, welche von den Fleischprüfern nicht entdeckt oder einfach ignoriert werden. Wenn ein Tier Krebs oder einen Tumor in einem bestimmten Körperteil hat, so wird oft das mit dem Krebs befallene Teil weggeschnitten, soweit es erkannt wird.

Der Rest des Tierkörpers wird als normales Fleisch verkauft. Oder, was viel schlimmer ist, die Tumore selbst werden in Misch-Fleisch verarbeitet, beispielsweise in Würstchen, ggf. auch unter der beschönigenden Bezeichnung als »Teilstücke« verkauft .

In der Gegend von Amerika, wo geschlachtete Tiere routinemäßig untersucht werden, sind 25.000 Stück Vieh mit Augenkrebs als normales Rindfleisch verkauft worden. Wissenschaftler haben bei Experimenten festgestellt, daß bei dem Verfüttern der Leber von kranken Tieren an Fische, diese an Krebs erkrankten.

Herz-Krankheiten

Vielleicht ist jedoch das überzeugendste Argument für eine fleischlose Ernährung die unleugbare und wohlbelegte Verbindung zwischen dem Verzehr von Fleisch und Herz-Krankheiten. In Amerika (der Nation mit dem größten Fleischkonsum) stirbt jeder zweite an Herz-Krankheiten oder an einer damit verbundenen Krankheit der Arterien. Dagegen sind diese Krankheiten praktisch unbekannt in Gesellschaften, wo der Fleischkonsum niedrig ist. Das »Journal of American Medical Association« berichtete 1961, daß *»eine vegetarische Ernährung zu 90-97 % Herz-*

krankheiten verhindern kann. (Herzinfarkt und Verschlüsse der Herzkranzgefäße).«

Was macht das Fleisch nun so schädlich für den Kreislauf? Das Fett im tierischen Fleisch, wie auch Cholesterin, kann im menschlichen Körper nicht richtig abgebaut werden. Diese Fette beginnen sich an den Wänden der Arterien bei den Fleischessern abzulagern. Im Laufe der Jahre vermehren sich die Ablagerungen laufend und führen dadurch zu Verengungen in den Adern, wodurch immer weniger Blut durchfließen kann. Diesen gefährlichen Zustand nennt man Arteriosklerose. Dadurch wird dem Herzen eine außergewöhnliche Last aufgebürdet, denn es muß mehr und mehr Kraft aufwenden, um das Blut durch die fast verstopften und verengten Gefäße zu pumpen. Als Folge entstehen Bluthochdruck, Schlaganfälle und Herz-Infarkte.

Wissenschaftler von der Harvard-Universität haben herausgefunden, daß der durchschnittliche Blutdruck bei Vegetariern deutlich niedriger lag, als bei einer vergleichbaren Gruppe von Nicht-Vegetariern.

Während des Korea-Krieges wurden die Körper von 200 jungen amerikanischen Soldaten im Durchschnittsalter von 22 Jahren nach ihrem Tod untersucht. Fast 80 % hatten schon verhärtete Arterien, die durch Ablagerungen vom Fleischessen verengt waren. Koreanische Soldaten der gleichen Altersgruppe wurden auch untersucht und dabei fand man, daß sie von dieser Schädigung der Arterien nicht betroffen waren. Die Koreaner waren Vegetarier.

Es ist heute bekannt, daß die Nummer eins der Todesursachen, die Herzerkrankung, bereits den Umfang einer Epidemie erreicht hat. Immer mehr Ärzte reduzieren stark die Mengen des Fleisches, die ihre Herz-Patienten essen dürfen oder sie verbieten den Verzehr völlig. Wissenschaftler erkennen nun, daß Ballaststoffe und Pflanzenfasern in einer vegetarischen Ernährung tatsächlich den Cholesterin-Spiegel reduzieren.

Fäulnis

Sobald ein Tier getötet worden ist, verklumpen die Proteine in seinem Körper und selbstzerstörende Enzyme werden freigesetzt (anders als bei den sich langsam zersetzenden Pflanzen, die starre Zellwände und ein einfaches Kreislaufsystem haben).

Bald bilden sich entartete Substanzen, sogenannte Ptomaine (Leichengifte).

Aufgrund dieser Ptomaine, die sofort nach dem Tod auftreten, haben Fleisch, Fisch und Eier eine gemeinsame Eigenschaft - nämlich schnelle Verwesung und Fäulnis. Berücksichtigen wir die Zeit, in der das Tier geschlachtet, in den Kühlraum gebracht, »abhängt«,zum Metzgerladen transportiert, gekauft und nach Hause getragen wird, dann noch zubereitet und gegessen wird, so kann man sich vorstellen, in welchem Stadium des Verfalls diese Fleischspeisen sich im allgemeinen befinden.

Fleisch durchläuft das menschliche Verdauungssystem sehr langsam, da dieses dafür ja nicht geschaffen ist. Fünf Tage benötigt Fleisch, bis es aus dem Körper ausgeschieden wird. Im Gegensatz dazu braucht vegetarische Nahrung nur 1 1/2 Tage. Während der Verdauungszeit von 5 Tagen sind die krankheitsverursachenden Zersetzungsprodukte des verwesenden Fleisches in dauerndem Kontakt mit den Verdauungsorganen. Unsere Gewohnheit, tierisches Fleisch in seinem typischen Zustand der Zersetzung zu essen (»Gut abgehangen«), erzeugt einen giftigen Zustand im Dickdarm und läßt den Magen-Darmkanal vorzeitig abnutzen. Da rohes Fleisch immer in einem Zustand der Verwesung ist, kann es die Hände sogar des Kochs und alles, womit es in Berührung kommt, infizieren. Nach dem Ausbruch einer Lebensmittelvergiftung, die in Schlachthöfen ihren Ausgang hatte, warnten britische Beamte der offiziellen Gesundheitsbehörde Hausfrauen, *»rohes Fleisch so zu behandeln, als wäre es hygienisch dem Kuhdung gleichwertig!«*

Oft werden giftige Bakterien auch durch Kochen nicht vernichtet, besonders wenn das

Fleisch nicht durchgegart wird, wie z. B. beim Grillen und Spießbraten, alle diese Fälle sind notorische Infektionsquellen.

Nierenkrankheiten, Gicht, Gelenkentzündungen

Unter den herausragenden Ablagerungen, mit denen ein Fleischesser seinen Körper belastet, befinden sich Harnstoff und Harnsäure (Nitrogen-Verbindungen). Zum Beispiel enthält Beefsteak ca. 14 Gramm Harnsäure pro Pfund. Wenn der Urin von Fleischessern und von Vegetariern untersucht wird, findet man, daß die Nieren von Fleischessern dreimal so viel Arbeit leisten müssen, um giftige Nitrogen-Verbindungen vom Fleisch auszuscheiden, als die Nieren von Vegetariern. Solange Menschen jung sind, können sie normalerweise diese zusätzlichen Belastungen verkraften, so daß kein Anzeichen von Unwohlsein oder Krankheit auftritt. Wenn jedoch die Nieren altern und vorzeitig verschlissen sind, sind sie nicht mehr in der Lage, ihre Tätigkeit einwandfrei auszuführen. Nierenerkrankungen sind dann sicher die häufige Folge. Wenn die Nieren nicht mehr die besonders schweren Belastungen der Fleischnahrung bewältigen können, wird die nicht ausgeschiedene Harnsäure innerhalb des Körpers abgelagert. Diese wird von den Muskeln absorbiert, ähnlich wie ein Schwamm Wasser aufsaugt. Später kann sie sich verhärten und Kristalle bilden. Sobald dies in den Gelenken vorkommt, ergeben sich schmerzhafte Beschwerden, die als Gicht, Gelenkentzündungen und Rheuma bekannt sind.

Sammelt sich die Harnsäure in den Nerven an, so ergibt dies Nervenentzündungen und Ischiaserkrankungen. Heutzutage empfehlen viele Ärzte ihren Patienten, die an diesen Krankheiten leiden, das Essen von Fleisch einzustellen oder drastisch zu reduzieren.

Verdauungsbeschwerden

Da unser Verdauungssystem nicht für Fleischnahrung ausgelegt ist, tritt als natürliche Folge ein schlechter Stuhlgang ein und das ist betrüblicherweise weitverbreitet bei Fleischessern. Da Fleisch sehr wenig Ballaststoffe enthält, hat es den großen Nachteil, sich sehr langsam durch den menschlichen Verdauungskanal zu bewegen (viermal langsamer als Körner, Obst- oder Pflanzennahrung). Dadurch ist die Verstopfung ein weitverbreitetes Übel in unserer Gesellschaft. Umfangreiche neue Untersuchungen haben eindeutig ergeben, daß eine gesunde Verdauung Faserstoffe (fälschlicherweise oft Ballaststoffe genannt) benötigt, wie sie nur in einer richtigen vegetarischen Kost enthalten sind.

Im Gegensatz zu Fleisch halten Gemüse, Körner und Früchte Feuchtigkeit und binden Faserstoffe für einen leichten Durchgang.

Vegetarier erhalten durch ihre Lebensmittel eine ausreichende Menge der natürlichen Faserstoffe und profitieren so außerordentlich von den krankheitsverhütenden Eigenschaften dieser Substanzen. Gemäß dem heutigen Stand der Forschung können natürliche Faserstoffe ein gutes Verhütungsmittel gegen Blinddarmentzündung, Divertikelentzündungen, Dickdarmkrebs, Herzerkrankungen und Fettleibigkeit sein.

Vegetarier sind weit gesünder als Fleischesser

Wie wir bereits gesehen haben, ist Fleisch nicht die natürliche oder gesunde Kost für die Menschen. Wir können damit überleben, aber es verschleißt den menschlichen Körper und verursacht viele Krankheiten. *»Einen Benzinmotor kann man auch mit Dieselöl laufen lassen, aber er wird schnell verrußen und früher verschleißen und schneller kaputt gehen, als wenn man ihn mit Benzin laufen läßt«.* Zwar sind unsere Körper nicht einfach Maschinen, sondern komplizierte und wundervolle Schöpfungen, die uns unser ganzes Leben lang dienen sollen. Es ist daher vernünftig, daß man ihnen diejenigen Speisen gibt, für die sie konstruiert sind - eine natürliche Kost, bestehend aus Früchten, Salaten und Gemüsen, Getreide, Kräutern, Nüssen und gelegentlich Milchprodukten. Es ist daher kein Wunder, daß unzählige Untersuchungen bewiesen haben, daß Vegetarier überall in der Welt viel gesünder sind als Menschen, die Fleisch verzehren.

Als in der wirtschaftlichen Krise während des Krieges Menschen gezwungen waren, vorwiegend von vegetarischer Kost zu leben, besserte sich deren Gesundheit erheblich. Im ersten Weltkrieg kam Dänemark in die Gefahr einer akuten

Lebensmittelverknappung aufgrund der britischen Blockade. Die dänische Regierung beauftragte den Direktor der nationalen vegetarischen Gesellschaft, das Programm der Rationierung zu leiten. Für die Dauer der Blockade waren die Dänen gezwungen, sich von Getreide, Gemüse, Früchten und Milcherzeugnissen aus ihrem eigenen Lande zu ernähren. Im ersten Jahr der Rationierung fiel die Sterberate um 17 %. Als die Bevölkerung von Norwegen Vegetarier wurden, ebenfalls gezwungen durch die Lebensmittelknappheit im ersten Weltkrieg, war ein sofortiger Rückgang der Sterberate durch Kreislaufkrankheiten festzustellen. Als dann nach Kriegsende beide Völker zur Fleischnahrung zurückkehrten, ging die Todesrate und die Rate der Herzkrankheiten sofort wieder in die Höhe auf den Stand von vor dem Krieg.

Etwas ähnliches berichtet *Dr. Reckeweg* [4] von der Kriegs- und Nachkriegszeit in Deutschland.

»Während der mageren Jahre während des Krieges und besonders nach dem Kriege, die mit der Währungsreform ihren Abschluß fanden, war das deutsche Volk praktisch gesund. Die wenigsten konnten sich satt essen. Schweinefleisch gab es praktisch überhaupt nicht. Fleisch sonstiger Herkunft nur in geringsten Portionen. Wenig Fett wurde verteilt, kaum Zucker, dagegen konnten Zerealien, d. h. Brot und Teigwaren in meist ausreichender Menge beschafft werden, zumal wenn diese durch Kartoffeln und Rüben sowie Frischgemüse ergänzt wurden. Damals gab es praktisch keine Blinddarmentzündung, keine Gallenblasenerkrankungen, höchstens mit Ausnahme jener, die ein Schwein »schwarz geschlachtet« hatten, was allerdings sehr selten vorkam. Auch Rheuma, Bandscheibenleiden und ähnliche Erkrankungen, ferner Herzinfarkt sowie Verkalkung und Bluthochdruck waren fast unbekannt geworden .

Jedoch bald nach der 1948 erfolgten Währungsumstellung, als Schweinefleisch, Schinken und besonders auch Fett fast unmittelbar wieder zur Verfügung standen, änderte sich das Bild grundlegend. Blinddarmentzündungen, Gallenblasenerkrankungen, akute Hauteiterungen wie Pyodermien, Impetigo, Furunkulosen und Schweißdrüsenabszesse waren wieder an der

Tagesordnung, nach deren Behandlung mit chemischen Mitteln, mit Sulfonamidsalben usw. dann auch bald chronische Pilzflechten und verschiedenartigste Nebenwirkungen bemerkbar wurden.

Besonders erschreckend aber war damals die Zunahme der Krebserkrankungen. Zahlreiche Patienten im Alter von 60 bis 70 Jahren, die bisher beschwerdefrei gelebt hatten, erkrankten plötzlich an Magenbeschwerden, deren Ursache sich dann als Krebserkrankung an der Speiseröhre, an Magen oder Darm herausstellte.

Im Laufe der Jahre und mit zunehmender Erfahrung stellte sich dann heraus, daß viele andere Erkrankungen wie Arthritis und Arthrosen ebenfalls in großem Umfang fleischbedingt waren, daß aber auch sonstige Spezialerkrankungen wie Weißfluß der Frauen, chronische Fisteleiterungen, nicht nur solche nach Ohroperationen, z. B. nach vorhergegangener Mittelohrentzündungen, sondern auch Fisteleiterungen nach im Kriege erlittenen Schußbrüchen, durch Fleischgenuß unterhalten wurden und dadurch wesentlich in der Heilung verzögert wurden oder überhaupt nicht zur Heilung kamen bzw. nur, wenn eine biologische, speziell eine homöopathische Kur bei strengem Verbot jeglicher Art von Fleisch (auch Wurst, Schinken usw.) zur Durchführung kam.«

Die Hunza, ein Stamm in der Nordregion von Indien und Pakistan, sind international bekannt geworden für ihren Mangel an Krankheiten und für ihre Langlebigkeit. Interessierte Wissenschaftler aus vielen Ländern sind zu den Dörfern der Hunza gepilgert, um das Geheimnis einer Kultur zu entdecken, wo Krankheiten fast unbekannt sind und wo die Eingeborenen oft ein Alter von 115 Jahren und mehr erreichen. Die Nahrung dieser Menschen besteht überwiegend aus ganzen Körnern, frischen Früchten, Gemüsen und Ziegenmilch. *Sir Rob. Mc Garrison,* ein englischer General und Arzt, der mit den Hunza arbeitete, sagte folgendes: *»Ich habe nie einen Fall von Blinddarmentzündung, Dickdarmentzündung oder Krebs gefunden«.*

Vor kurzem gingen in Ecuador eine Gruppe von Ärzten und Forschern von der Harvard-Universität in ein entlegenes Bergdorf mit 400 Einwohnern. Sie waren erstaunt festzustellen, daß viele der Eingeborenen ein außerordentlich hohes Alter erreichten. Ein Mann war 121 Jahre und verschiedene andere waren über 100 Jahre alt. Eine gründliche Untersuchung wurde bei all denen durchgeführt, die über 75 Jahre alt waren. Von diesen hatten nur 2 Personen Anzeichen von Herzerkrankungen. Die Dorfbewohner waren Vegetarier. Die Ärzte nannten die Festsstellungen »außergewöhnlich« und sagten *»solche Untersu-*

chungen bei einer gleichartigen Bevölkerung in den Vereinigten Staaten würde zeigen, daß 95 % Herzkrankheiten hätten«.

Gemäß den Statistiken sind Vegetarier schlanker und gesünder. Über 50 % der Amerikaner und Westeuropäer haben Übergewicht, während Vegetarier im Durchschnitt etwa 20 Pfund weniger wiegen als Fleischesser. Die amerikanische Gesundheitsbehörde hat bei einer kürzlichen Studie mit 50.000 Vegetariern festgestellt, daß Vegetarier länger leben, eindeutig weniger Herzinfarktfälle aufweisen und eine imponierend geringe Rate von Krebserkrankungen haben, im Vergleich zu den fleischessenden Amerikanern.

In England brauchen Vegetarier viel weniger Prämien bei der Lebensversicherung zu bezahlen, als Fleischesser. Der Grund liegt darin, daß die Versicherungsgesellschaften bei Vegetariern das Risiko einer Herzerkrankung geringer einschätzen als bei Fleischessern. Auch vegetarische Restaurants zahlen eine geringere Prämie bei ihren Policen gegen Lebensmittel-Vergiftungen. Es ist weniger wahrscheinlich, daß Gäste Lebensmittelvergiftungen erleiden, als in Gaststätten, wo Fleisch serviert wird.

Ein Arzt der Harvard Universität hat nachgewiesen, daß eine vegetarische Ernährung Erkältungen und Allergien verhüten hilft.

Somit ist wissenschaftlich immer wieder bewiesen, daß der Verzehr von Fleisch tatsächlich für den menschlichen Körper schädlich ist, während eine in Harmonie mit den Gesetzen der Natur richtig ausgesuchte vegetarische Kost hilft, einen dynamischen und gesunden Körper zu erhalten.

Vegetarier sind körperlich in einer viel besseren Verfassung als Fleischesser

Eine weit verbreitete falsche Ansicht über die vegetarische Ernährung ist die, daß der Mensch dadurch zu einer schwachen, blassen und kränklichen Person wird. Nichts könnte von der Wahrheit weiter entfernt sein. Viele Untersuchungen haben gezeigt, daß tatsächlich Rohkost-Vegetarier stärker, geschickter und viel ausdauernder sind als Fleischesser. Wir kennen aber auch den sogenannten »Puddingvegetarier«, der zwar kein Fleisch ißt, sonst aber vorwiegend gekochte Nahrung mit Fabrikzucker, Auszugsmehlen usw. zu sich nimmt. Dieser sieht dann nach einiger Zeit tatsächlich blaß und krank aus und ist ohne Energie.

Dr. H. Schouteden von der belgischen Universität führte Tests durch, um Vergleiche in Ausdauer, Stärke und schnelle Erholung von Ermüdung bei Vegetariern und Fleischessern zu erhalten. Seine Ergebnisse zeigten, daß Vegetarier in allen drei Eigenschaften deutlich überlegen waren.

Dr. Irving Fisher von der Yale Universität machte Ausdauer-Tests. Sportler, Lehrer, Ärzte und Krankenschwestern aus Yale nahmen an diesen Versuchen teil. Seine Zeugnisse enthüllten, daß die Vegetarier fast zweimal soviel Zähigkeit besaßen als Fleischesser.

Eine Studie an der Brüsseler Universität, die von *Dr J. Ioteyko* und *V. Kipani,* bewies Vergleichbares wie das von *Dr. Fisher.* In den Ausdauer-Tests konnten dieVegetarier die Übungen zwei bis dreimal länger als Fleischesser durchführen, ehe sie völlig erschöpft waren. Außerdem benötigten sie nur ein Fünftel der Zeit, sich von der Ermüdung nach jeder einzelnen Übung zu erholen als ihre fleischessenden Vergleichspartner. Diese eindrucksvollen Ergebnisse zeigen, daß die vegetarische Kost zur Erzielung physischer Kraft, Ausdauer und Tüchtigkeit ideal ist. Tatsächlich sind auch die stärksten und langlebenden Tiere in der Welt alle Vegetarier. Das Pferd, das Rind, der Büffel und der Elefant haben große und gesunde Körper, viel Ausdauer und phänomenale Kraft, was ihnen ermöglicht, schwere Lasten zu tragen und anstrengende Arbeit für den Menschen zu leisten. Keines der fleischfressenden Tiere hat die Ausdauer oder die Leistungsfähigkeit, um Lastenträger zu sein. Es ist auch sehr interessant herauszufinden, wieviele große Sportler, die Weltrekorde aufgestellt haben, Vegetarier waren.

Der Radclub der Vegetarier in England hat mehr als 40 % der nationalen Rekorde im Radrennen gehalten.Überall in Europa haben die vegetarischen Radrennfahrer dauernd einen größeren Prozentsatz an Siegern gestellt als fleischessende Radler.

Der große vegetarische Schwimmer *Murray Rose* war der jüngste dreifache Goldmedaillengewinner bei den Olympischen Spielen. Er wurde als einer der größten Schwimmer aller Zeiten bezeichnet und hat viele Rekorde gebrochen.

Ein britischer Vegetarier überquerte schwimmend den Ärmelkanal, schneller als irgendjemand in der Geschichte vor ihm - in 6 Stunden und 20 Minuten.

Viele international berühmte Sportler der Vergangenheit und der Gegenwart wechselten zu einer vegetarischen Ernährung über - zum Beispiel der aus Österreich stammende Gewichtheber *A. Anderson*, der viele Weltrekorde aufgestellt hat und der legendäre *Johnny Weismüller*, der 56 Schwimmweltrekorde erzielte.

Überall auf der Welt haben Vegetarier viele Sport-Rekorde aufgestellt - im Ringen, Boxen, Gehen, Fußball, Querfeldeinlaufen usw.

Vegetarier haben tatsächlich eine größere Ausdauer und Energie, denn ihre Körper haben nicht die großen Energieverluste dadurch zu verschwenden, um die im Fleisch enthaltenen Gifte abzubauen.

Nehme ich genügend Nährstoffe auf, wenn ich kein Fleisch esse?

Oft sorgen sich viele Menschen bei ihren Überlegungen, ob sie auf eine vegetarische Ernährung überwechseln sollen, über die Frage: *»Bekomme ich ausreichend Nährstoffe, wenn ich kein Fleisch esse? Bekomme ich genug Protein (Eiweiß) «?*

Sie brauchen nicht beunruhigt zu sein, trotz der massiven Werbe-Kampagnen, die das Gegenteil behaupten. Eine vegetarische Kost kann **alle** Nahrungsfaktoren liefern, die der Körper braucht.

Es ist auch eine Tatsache, die durch viele Untersuchungen belegt ist, daß eine vegetarische Ernährung viel mehr Ernährungsenergie liefern kann als Fleischkost. Uns ist eingeprägt worden zu glauben, daß Fleisch für die Gesundheit zwingend notwendig sei. In den fünfziger Jahren haben Wissenschaftler das Fleisch-Protein (Eiweiß) als »Erste Klasse« bezeichnet und solches aus Pflanzen als »Zweite Klasse«. Jedoch wurde diese Auffassung inzwischen völlig widerlegt, denn man stellte fest, daß Pflanzen-Protein genauso wirkungsvoll und nahrhaft ist wie Fleisch-Protein. Es gibt eine außerordentlich große Reihe proteinhaltiger vegetarischer Lebensmittel. Dies geht über das 8-12 % Protein enthaltende Getreide bis zu den unglaublich proteinreichen Sojabohnen mit 40 % Proteingehalt, das ist zweimal soviel wie Fleisch enthält. Selbst die magerste Scheibe Rindersteak hat nur 20 % verwertbares Protein. Viele Nüsse, Samen, Körner und Bohnen enthalten dagegen 30 % Protein.

Das Eiweiß, das wir wirklich benötigen, besteht aus 8 »essentiellen« Aminosäuren. Fleisch wird

oft als höherwertig betrachtet, da es alle 8 Aminosäuren enthält. Was aber die meisten Fleischesser nicht wissen, ist, daß Fleisch **nicht** allein »vollständiges« Eiweiß enthält - sondern auch Sojabohnen und Milch enthalten alle »essentiellen« Eiweißbausteine, und das bedeutet, daß uns diese auch mit allen 8 »essentiellen« Aminosäuren im jeweils richtigen Verhältnis versorgen. Vielleicht noch bemerkenswerter ist die Tatsache, daß eine vollständige Eiweißversorgung schon dadurch erreicht werden kann, daß man zwei Lebensmittel zusammen ißt, zum Beispiel Reis und Gemüse. Dadurch erhält man eine qualifizierte Kombination, die den Proteinwert **eines** Lebensmittels allein bei weitem übertrifft. Arme Menschen überall in der Welt scheinen dies instinktiv zu tun, indem sie Reis und Tofu oder Bohnen mischen (wie in China und Indien) oder Mais und Bohnen (wie in Zentral- und Südamerika) usw.

Im Jahre 1972 führte *Dr. Frederick Stare* von der Harvard Universität einen umfangreichen Versuch bei Vegetariern durch (erwachsene Männer und Frauen, schwangere Frauen, junge Mädchen und Knaben). Er stellte fest, daß alle Gruppen mehr als das Doppelte des Minimums der täglich benötigten Eiweiß verzehrten.

1954 haben Wissenschaftler eine ins Einzelne gehende Studie der Harvard-Universität durchgeführt und dabei herausgefunden, daß immer genug Eiweiß vorhanden war, wenn verschiedene Gemüsearten, Körner und Milchprodukte in beliebiger Kombination gegessen wurden. Sie waren nicht in der Lage, einen Eiweißmangel zu finden, gleich welche Zusammensetzung auch gemacht wurde.

Die Wissenschaftler schlossen daraus, daß es sehr schwierig ist, eine variierende vegetarische Kost zuessen, die **nicht** den Eiweißbedarf des menschlichen Körpers deckt!

Einer der großen Ernährungsfehler ist die übermäßige Eiweißzufuhr. Wird dem Körper mehr Eiweiß zugeführt, als er benötigt, so wird es überhaupt nicht vom Körper verwertet.

Wenn die Nahrung zureich an Eiweißbestandteilen ist, so ist das immer schlecht. Sie führt zu einer Anhäufung von Abfallprodukten bei der Eiweißumsetzung, so daß der Körper übersäuert wird (siehe hierzu auch *Viktoras Kulvinskas* [5)] »Leben und Überleben - Kursbuch ins 21. Jahrhundert«.

Die nachfolgende Zusammenstellung zeigt den Eiweißgehalt von Früchten, Gemüse, Fleisch und Milch. Die Werte wurden den Geigy-Tabellen entnommen:

100 Gramm enthalten	*Gramm Eiweiß*	*Milligramm Kalzium*
Ananas	0.4	16
Äpfel	0.3	6
Birnen	0.5	13
Erdbeeren	0.8	28
Himbeeren	1.1	49
Kirschen	1.1	19
Orangen	0.9	33
Rhabarber	0.5	51
Sauerkraut	1.1	46
Sellerieknollen	1.7	50
Spinat	2.2	87
grüne Bohnen	2.4	73
frische Erbsen	6.7	22
Blumenkohl	2.4	22
Karotten	1.1	41
Ei	12.8	54
Hühnerfleisch	21.6	10
Kalbfleisch	19.2	11
Rindfleisch	19.3	12
Schweinefleisch	16.4	10
Frischmilch	3.39	118

»Proteine (Eiweiß) können den Körper töten, wenn wir nicht auf unsere Kost achten«
Dr. Henry Bieler

Bei *Udo Renzenbrink* [6] lesen wir *»Die weit verbreitete »Vieleiweiß-Mentalität« bringt keinen wirklichen Vorteil, da sie nur eine Reizwirkung setzt und keinen echten Kraftzuwachs bewirkt. Zudem häufen sich bei hoher Eiweißzufuhr Abfallstoffe, eine Hauptursache der Alterungsprozesse«.*

Wichtig ist auch die Qualität des Eiweißes. Eiweiß von künstlich gedüngten Böden hat nicht die gleiche Wertigkeit wie Eiweiß von bio-dynamisch gezogenen Produkten, von denen der Körper viel weniger benötigt, um seinen Bedarf zu decken. Das hat *Rudolf Steiner* schon 1924 erkannt, als er sagte *»Die Pflanzen, unsere Feldfrüchte leiden seit einiger Zeit an einem Eiweißmangel. Und der wird immer größer und größer werden, wenn die Leute nicht wiederum zu ordentlichem Düngen kommen. Als Folge des minderwertigen Eiweißverzehrs werden unsere Kinder und mehr noch unsere Kindeskinder ganz bleiche Gesichter haben.... Daß der Mensch eine lebhafte Farbe haben kann, hängt eben auch davon ab, daß die Äcker ordentlich gedüngt werden«.*

Walter Sommer [1] sagt dazu:

»Die Eiweißstoffe oder Proteinkörper im Lebensvorgang der pflanzenfressenden Tiere werden ohne Verzehren von Fleisch oder irgendwelcher tierischen Eiweißstoffe gebildet. Die

Lebenskraft geht eben andere Wege bei der Bildung der körpereigenen Stoffe, als es die Chemie bisher wahrhaben wollte. Fest steht jedenfalls: Die gesamte sich von Pflanzen ernährende Tierwelt erhält sich gesund und lebensfähig, ohne tierischer Eiweißstoffe zu bedürfen. Ja, es steht fest, daß zwangsweise zugeführte vom Tier stammende Nahrung bei Weidetieren schwere Krankheitserscheinungen und frühen Tod zur Folge hat, nachdem vorher schlimme Störungen im Charakter der betreffenden Tiere eingetreten sind. Aber den daraus zu folgernden Schluß, auch der Mensch wird vom Fleischessen krank unter Änderung seines Charakters, wie von den vegetarisch lebenden Menschen schon immer behauptet wurde, hat der landesüblich lebende Mensch in seinem Wahn nie wahrhaben wollen und bisher nicht begreifen können.«

In den Zeitungen lesen wir oft von schlecht ernährten Menschen in armen Ländern, und daß diese verhungern und aus Eiweißmangel sterben. Deshalb machen wir oft die vegetarische Ernährung dafür verantwortlich. Aber die Wissenschaftler haben belegt, daß diese Menschen nicht deshalb unterernährt sind, weil sie kein Fleisch gegessen haben, sondern weil sie nicht genügend Nahrung bekamen! Eine Kost ausschließlich aus Reis (und dabei ganz geringe Mengen) oder nur aus Süßkartoffeln führen natürlich zur Unterernährung und einem frühen Tod.Im Gegensatz dazu kann man überall auf der Welt Menschen finden, die nur von vegetarischer Kost leben, wobei ausreichende Kalorienmengen und eine ausreichende Abwechslung von Gemüse, Salaten, Getreide und Kräutern Voraussetzung ist. Dort kann man immer gesunde kräftige und gut gedeihende Menschen sehen. Wir sind gut beraten, wenn wir nach einer Erklärung für unsere Beeinflussung suchen. Warum glauben fast alle Menschen, daß wir nicht gesund sein können, ohne große Fleischportionen zu essen, wenn doch die Wahrheit genau das Gegenteil ist.

Erhalte ich bei vegetarischer Ernährung genug Vitamin B_{12} ?

Immer wieder wird behauptet, daß der Bedarf an Vitamin B_{12} nur durch Fleischkost gedeckt werden kann, nicht jedoch durch vegetarische Kost. Pflanzenfressende Tiere haben alle einen hohen Vitamin B_{12}-Bestand im Körper **ohne** Zuführung von Fleischnahrung. Warum sollte es beim Menschen anders sein? Ein gesundes Darmmilieu produziert die benötigte Menge an Vitamin B_{12} selbst. Die Rohkost-Vegetarier kennen einen solchen Mangel überhaupt nicht. Ihr Vitamin B_{12}-Gehalt im Blut ist im allgemeinen dreimal so hoch wie bei Fleischessern. Ein Rohkost-Vegetarier hatte dieses Untersuchungsergebnis von einem

Untersuchungsinstitut erhalten und fragte an, wie es zu erklären sei, daß er als Vegetarier diesen hohen Vitamin B_{12}- Wert habe. Darauf schrieb der leitende Professor höchstpersönlich, daß man das Blutserum nochmals untersucht habe und zum gleichen Ergebnis gekommen sein.

Mangel an Vitamin B_{12} ist ein krankhafter Zustand. Der Darm befindet sich bei Fleisch-, Fisch- und Eieressern ständig in einem fauligen Zustand. Warum spritzen so viele Ärzte gerade bei Fleischessern soviel Vitamin B_{12}?

Gibt es einen Zusammenhang zwischen unserer Gewohnheit Fleisch zu essen und weltweiten Hungerzuständen ?

Wenn wir unsere Getreideüberschüsse den armen und schlecht ernährten Menschen geben würden, anstatt sie an Vieh zu verfüttern, könnten wir leicht fast alle der chronisch unterernährten Menschen der Welt ausreichend ernähren.

Wenn wir nur halb so viel Fleisch essen würden, wäre genug Nahrung vorhanden um alle »Entwicklungsländer« zu versorgen.

Ein Ernährungsfachmann der Harvard-Universität *Jean Mayer,* schätzt, daß eine Verminderung der Fleischproduktion um nur 10 % so viel Getreide freisetzen würde, daß damit 60 Millionen Menschen ernährt werden könnten.

Die schockierende Wahrheit ist, daß 80 bis 90% des in Amerika erzeugten Getreides zur Viehfütterung verwendet wird.

1960 verzehrte der Durchschnitts-Amerikaner 50 Pfund Fleisch im Jahr. 1980 waren es allein an Rindfleisch allein schon 129 Pfund. Aufgrund der Festlegung auf Fleisch essen in Amerika und Europa die meisten Menschen zweimal soviel Eiweiß, wie für die Eiweißversorgung empfehlenswert ist. Die Kenntnis über die wirklichen Tatsachen hinter den Kulissen der »Nahrungsmittelknappheit« ist grundlegend wichtig, um zu verstehen, wie der natürliche Reichtum der Welt richtig genutzt werden kann.

Immer mehr Wissenschaftler und Wirtschaftsfachleute der Welt befürworten eine vegetarische Kost zur Lösung der riesigen Ernährungsprobleme auf unserem Planeten. Sie sagen, daß der Fleischkonsum eine der Hauptursachen dieser Probleme ist.

Aber worin besteht die Verbindung von Vegetarismus zur Lebensmittelknappheit? Die Antwort ist einfach: Fleisch ist die unwirtschaftlichste Ernährung. Die Kosten für ein Pfund Fleischeiweiß sind zwanzigmal höher als die gleiche Menge aus eßbarem Pflanzeneiweiß. Nur 10% des Eiweißes und der Kalorien, die wir an unser Schlachtvieh verfüttern, erhalten wir durch das Fleisch, das wir essen, wieder, zurück. Das bedeutet, daß 90 % »den Bach hinunter gehen«. Große Landgebiete werden zur Viehhaltung genutzt. Dieses Land könnte viel nützlicher verwendet werden, wenn dort Getreide, Bohnen, Gemüse, Salate und Früchte angebaut würde, das direkt von den Menschen gegessen werden könnte.

Um Fleisch zu essen, benötigen wir etwa 17 mal soviel Land als z. B. für die Ernte von Sojabohnen benötigt wird. Von 1 Morgen (2.500 qm) Land erhält man nur 1 Pfund tierisches Eiweiß; benutzt man denselben Morgen Land zum Anbau von Sojabohnen, können 17 Pfund Eiweiß erzeugt werden. Sojabohnen enthalten weniger Fett und sind frei von Fleischgiften. Die Aufzucht von Vieh bedeutet eine riesige Verschwendung nicht nur in Bezug auf Land, sondern auch im Hinblick auf Wasser. Man schätzt, daß die Wassermenge, die für die Produktion von Fleisch benötigt wird, achtmal so hoch ist, als bei der Bewirtschaftung mit Gemüse und Getreide.

Dies bedeutet, daß einige wenige Leute große Mengen Land, Wasser und Getreide verschwenden, um Fleisch zu produzieren, das doch nur langsam den Körper zerstört, während Millionen Menschen in der Welt verhungern.

Amerikaner verbrauchen pro Person (durch die Fütterung des fleischproduzierenden Schlachtviehs) mehr als 1.000 kg Getreide pro Jahr, während der Rest der Welt einen Durchschnitt von knapp 200 kg hat.

Der ehemalige Generalsekretär der Vereinten Nationen, *Kurt Waldheim,* hat gesagt, daß der riesige Lebensmittelverbrauch der reichen Länder die Ursache für den Hunger der Welt ist. Die Vereinten Nationen haben deshalb mit Nachdruck empfohlen, daß diese Länder ihren Fleischverzehr reduzieren sollten.

Viele Wissenschaftler sind der Meinung daß die primäre Lösung der globalen Ernährungskrise eine stufenweise Umstellung von einer Fleischkost auf vegetarische Kost sei. *N. Pinkus* hat in der US-Zeitschrift »Vegetable Based Proteins« geschrieben. *»Wenn wir Vegetarier wären, könnten wir den Hunger von dieser Erde verbannen, Kinder würden geboren und gut ernährt aufwachsen und sie könnten glücklicher und gesünder leben. Tiere würden die Freiheit haben, als wilde, natürliche Lebewesen zu leben, anstatt daß sie in großer Zahl als Sklaven sich fortpflanzen müssen, wobei sie zum Schlachten gemästet werden, mit Futter, das hungernde Menschen essen sollten«.*

»Die Erde hat genügend für den notwendigen Bedarf von Jedermann, aber nicht genug, für die Habgier von Jedermann«.
(Mahatma Gandhi)

Da viele Wissenschaftler meinen, daß der überwiegende zukünftige Bedarf an Nahrung durch pflanzliches Eiweiß gedeckt werden kann, finanzieren verschiedene westliche Länder die Forschung zur Entwicklung von pflanzlichem Eiweiß aus Sojamehl. Das chinesische Volk ist diesem hohen Forschungsstandard bereits seit langem voraus. Chinesen essen seit Tausenden von Jahren Tofu und andere Sojaerzeugnisse. Die vegetarische Ernährung ist die Ernährung der Zukunft - die Ernährung, die wir Menschen wieder annehmen müssen, wenn wir unsere natürlichen Reserven und, was noch wichtiger ist, das menschliche Leben überall in der Welt erhalten wollen. Der Vegetarier von heute ist der Mensch der Zukunft. Der jetzige Vegetarismus zeigt in die richtige Richtung, die Jedermann einschlagen sollte.

»Der Weltfriede oder auch jede andere Art von Frieden hängt überwiegend von der Geisteshaltung ab. Vegetarismus kann dazu beitragen, die richtige geistige Haltung zum Frieden zu bringen. Er zeigt einen Weg zu einer besseren Lebensart, die, falls sie universell praktiziert wird, zu einer gerechteren und friedvolleren Gemeinschaft der Nationen führt.«

U Nu, früherer Premierminister von Burma

Die Politik des Hungerns

Über den Hunger in der Welt besteht der weitverbreitete Mythos, die Möglichkeiten der Erde reichten nicht aus, um die Weltbevölkerung zu ernähren. Alle tun ihr Bestes, soweit sie nur können, so sagt man. *»Es gibt einfach nicht genug, um auszukommen. Die hungrigen Massen vermehren sich zu rasch, und wenn wir einen Zusammenbruch vermeiden wollen, muß eine gemeinsam abgestimmte Anstrengung zur Geburtenkontrolle rigoros verfolgt werden.«*

Eine ständig wachsende Anzahl anerkannter Wissenschaftler, Wirtschaftler und landwirtschaftliche Fachleute äußern ihren intensiven Widerspruch dagegen. *»Das ist offenkundig falsch - ein Mythos«* sagen sie. *»Tatsächlich gibt es genügend und sogar noch mehr, um auszukommen. Irgendwelche Mängel entstehen durch die Verschwendung von Reserven und deren unvernünftige Verteilung.«* Gemäß *Buckminster Fuller* gibt es heutzutage ausreichend natürliche Reichtümer, um jeden Menschen auf unserem Planeten nach amerikanischem oder europäischem Standard der Mittelklasse zu ernähren, zu kleiden und mit einer Wohnung zu versehen.

Kürzliche Untersuchungsergebnisse des Institutes für Ernährung- und Entwicklungs-Politik belegen, daß es kein Land in der Welt gibt, das nicht in der Lage wäre, mit eigener Kraft seine Bevölkerung zu ernähren. Es gibt keine Verbindung von Bevölkerungsdichte und Hunger, sagen sie. Indien wird gewöhnlich als klassisches Beispiel für die Folgen einer Überbevölkerung zitiert und doch, China hat doppelt so viele Menschen pro bebauten Hektar Land als Indien, aber in China hungern die Menschen nicht. Bangladesh hat nur halb so viel Menschen per bebautem Hektar Land als Taiwan, aber in Taiwan gibt es keinen Hungertod, während Bangladesh die höchste Hungertodrate in der Welt aufweist. Tatsächlich sind die am dichtesten bevölkerten Länder in der Welt von heute **nicht** Indien und Bangladesh, sondern Holland und Japan.

Es ist offensichtlich, daß die Bevölkerungsdichte nicht den Grund darstellt, daß Menschen verhungern. Wissenschaftler haben geschätzt, daß auf unserer Erde 40 Milliarden Menschen leben könnten bei vegetarischer Ernährung. Wir haben zur Zeit etwa 5 Milliarden. Heutzutage ist mehr als die halbe Menschheit immer hungrig und davon die Hälfte am Verhungern. Wenn es aber genügend zum Auskommen gibt, wo ist dann die Ursache?

Prüfen wir einmal, **wer** die Lebensmittelproduktion kontrolliert und **wie** sie kontrolliert wird. Die Lebensmittelindustrie ist die größte Industriemacht der Welt - mit einem Umsatz von 250 Milliarden Dollars pro Jahr (größer als die Auto,- Stahl- oder Öl-Industrie).

Riesige, verhältnismäßig wenige multinationale Gesellschaften beherrschen die Lebensmittelindustrie. Die Macht konzentriert sich in ihren Händen. Es ist allgemein bekannt geworden und gut dokumentiert, daß diese gigantischen Gesellschaften die Politik weitgehend kontrollieren. Das bedeutet, daß verhältnismäßig wenig Gesellschaften in der Lage sind, den Fluß der Lebensmittel für Milliarden Menschen zu steuern und zu überwachen.

»Wahrhaftig, der Mensch ist der König der wilden Tiere, denn durch seine Brutalität übertrifft er sie. Wir leben durch den Tod von anderen. Wir sind Friedhöfe. Ich habe seit frühestem Alter die Verwendung von Fleisch verabscheut und die Zeit wird kommen, wo die Menschen auf den Mord von Tieren herabsehen werden, wie jetzt auf den Mord von Menschen.«

Leonardo da Vinci

Keine Schädigung von lebenden Wesen

Alle die erwähnten praktischen Erwägungen sind nicht die einzigen Gründe, um kein Fleisch zu essen. Einer der wichtigsten Gründe ist, daß wir kein Leben vernichten sollen, auch nicht unnötigerweise tierisches Leben.

Viele religiöse und geistige Gruppen befürworten eine vegetarische Kost aufgrund der Heiligkeit allen Lebens und der Notwendigkeit, zu leben, ohne Leiden zu verursachen. Nach ihrer Ansicht betrachtet ein wahrer Mensch die Tiere nicht als Sklaven oder Nahrung, sondern als seine jüngeren Brüder und Schwestern und fühlt, daß wir kein Recht haben, ihnen Todesangst einzuflößen und brutal ihr Leben zu nehmen, es sei denn, unser Überleben hinge allein davon ab. Da es für uns möglich ist, ein gesundes Leben zu führen, ohne Fleisch zu essen, ist es berechtigt zu fragen, ob Fleischverzehr eine moralische und menschliche Gewohnheit ist. Es ist klar, daß Tiere nicht freiwillig ihr Leben aufgeben, damit wir den Luxus haben, ihr Fleisch essen zu können. Jeder, der einmal ein Schlachthaus besucht hat, kann die Tatsache bestätigen, daß Tiere sehr leiden vor und während der Schlachtung. Diejenigen von uns, die über den Tod unseres Hundes oder unserer Katze weinen können, gehen schweigend entschuldigend über das täglich unnötige Schlachten von Millionen von Tieren hinweg.

Ein großer zeitgenössischer Lehrer erklärt: *»Soweit als möglich soll Nahrung aus Dingen bestehen, deren Bewußtseinsentwicklung noch verhältnismäßig gering ist, das heißt, wenn Pflanzen verfügbar sind, sollen Tiere nicht geschlachtet werden. Zweitens, ehe irgendwelche Tiere mit entwickelten oder wenig entwickelten Bewußtsein getötet werden, sollte man sehr gründlich überlegen, ob es möglich ist, in einem gesunden Körper zu leben, ohne solche Leben zu nehmen.«* Viele große Heilige teilen diese Ansicht. Während der frühen Tage der christlichen Bewegung haben zum Beispiel eine große Zahl von christlichen und jüdischen Sekten Fleischverzehr als kostspieligen und grausamen Luxus verurteilt.

Durch die Geschichte hindurch haben weise Männer und geistige Führer gelehrt, daß wir niemals fähig sein werden, uns zu höheren Bewußtseinszuständen zu entwickeln oder eine menschliche Gesellschaft zu schaffen, die auf Liebe gegründet ist, bevor wir die brutale Angewohnheit, Fleisch zu essen, aufgeben.

»Tiere sind meine Freunde .... und ich esse nicht meine Freunde auf.«

»Dies ist furchtbar! Nicht nur die Leiden und der Tod von Tieren, der Mensch unterdrückt in sich unnötigerweise die höchste geistige Fähigkeit - die von Sympathie und Mitleid gegenüber lebendigen Wesen, und er wird durch das Verletzen seiner eigenen Gefühle grausam.«
George Bernhard Shaw

Was ist das »Oberste Lebens-Prinzip«?

Das »Oberste Lebens-Prinzip« besagt, daß gewisse Lebensmittel mehr Lebenskraft (Prana) enthalten, als andere. Die Wichtigkeit der Lebenskraft in Lebensmitteln wurde schon vor 2500 Jahren von *Pythagoras* geschätzt, der sagte: *»Nur lebendige, frische Nahrung kann es dem Menschen ermöglichen, die Wahrheit zu erkennen.«* Der russische Schriftsteller *Tolstoi* sagte:

»Sich vom Kadaver ermordeter Tiere zu ernähren, zeugt von einem schlechten Geschmack.«

Wir wissen, daß alles Leben von der Energie aus der Sonne existiert. Diese Energie ist in den grünen Pflanzen, Früchten, Gemüse, Salaten, Nüssen, Körnern und Kräutern gespeichert. Sobald wir diese essen, verzehren wir Sonnenenergie direkt. Mit anderen Worten, wir ernähren uns von »lebendiger« Nahrung, in der alle die Lebensenergie noch intakt vorhanden ist und das ist SonnenKost[7)], die für uns Menschen von der Schöpfung vorgesehen ist. Viele Pflanzen behalten ihre lebensspendende Energie noch für viele Tage, nachdem sie gepflückt worden sind; tatsächlich sind sie noch in der Lage zu sprießen und zu wachsen. Andererseits ist Fleisch in ein paar Tagen in einem Verwesungszustand.

Seit Tausenden von Jahren haben Weise gelehrt, daß sowohl der Geist als auch der Körper tiefgehend beeinflußt wird durch das, was wir essen. *»Du bist, was Du ißt!«* ist ein Sprichwort, das sowohl auf den Geist als auf den Körper zutrifft. Entsprechend einem Yogi: *»Der menschliche Körper besteht aus einer Unzahl lebender Zellen. Die Natur Eurer lebenden Zellen bildet sich in Übereinstimmung mit der Art der Kost, die Ihr eßt. Letzten Endes werden beides zusammen Euren Geist beeinflussen. Wenn die Zellen des menschlichen Körpers aus einer Nahrung wachsen, die verdorben und stinkend von dem Fleisch von Tieren ist, in denen niedrige Tendenzen vorherrschen, so ist es natürlich, daß sich der Geist in der Richtung der Gemeinheit bewegt.«*

Tatsächlich kommt das Wort »Vegetarier« **nicht** von »vegetable« sondern von dem lateinischen Wort »vegetare«, was »beleben« bedeutet. Wenn die Römer den Ausdruck *»homo vegetus«* gebrauchten, so bezeichneten sie damit eine kraftvolle und gesunde Person. Heutzutage denken die Leute bei einem Vegetarier an einen Gemüseesser.

Ich mag aber den Geschmack des Fleisches. Was soll ich tun?

Ein altes Prinzip schlägt vor, daß der beste Weg, eine tiefverwurzelte Gewohnheit zu ändern, nicht die Methode ist, »etwas mit den Wurzeln auszureißen« (eine fast unmögliche Aufgabe), sondern eine ähnliche, aber entgegengesetzte Gewohnheit zu pflanzen, zu pflegen und zu kultivieren. Dieser neuen Gewohnheit muß man dann eine Menge Sorgfalt, Liebe und Aufmerksamkeit schenken, analog der Aufzucht eines Rosenstrauches. Sehr bald wird die neue Gewohnheit groß und schön heranwachsen und fast mühelos wird das alte Unkraut, zum Beispiel die Gewohnheit Fleisch zu essen, welken und außer Sicht kommen. Hier nun einige Vorschläge für die Kultivierung ihres neuen »Rosenbusches«:

Kaufen Sie zwei oder drei **vegetarische Kochbücher** und bewahren Sie diese dort auf, wo Sie sie oft sehen. Dies ist eine gute und sparsame Strategie. Eine phantasievolle, gut schmeckende, hoch eiweißhaltige vegetarische Kost kann Ihre durchschnittliche Ausgabenhöhe für Lebensmittel um bis zu 50 % senken.

Beschränken Sie sich zunächst auf eine oder zwei leicht herzustellende vegetarische Mahlzeiten und setzen Sie diese gelegentlich an Stelle einer Fleischmahlzeit.

Besuchen Sie einen Laden für Naturkost, Ihren örtlichen Ernährungsberater oder einen Verein für Gesunde Lebensweise wie z. B. die Gesellschaft für natürliche Lebenskunde e. V., in 27723 Worpswede, Postfach 1212. Diese Gesellschaft unterhält

auch in vielen Orten Gesprächskreise. Sehen Sie sich um und stellen Sie Fragen.

Die Anstrengungen der Umstellung von einer fleischhaltigen zu einer lebendigen, frischen, nahrhaften Ernährung sind viel geringer, als es anfangs scheint. Es gibt wirklich Tausende von sehr nahrhaften und gut schmeckenden Gerichten, die Nicht-Vegetarier bisher nie die Gelegenheit hatten, auszuprobieren, sei es aufgrund von Gewohnheit, sei es durch irgendwelche Umstände oder durch Mangel an Informationen. Die meisten Leute sind erstaunt, wenn sie entdecken, daß viele der sehr eiweißhaltigen Mahlzeiten aus Zutaten gemacht werden, die ihnen ungewohnt sind - Hirse, Buchweizen, Hafergrütze, Bohnen, Linsen, braunem Reis, Tofu, um einige zu nennen. Vegetarisch zu leben, ist viel, viel leichter, als Sie es sich vorstellen können. Viele Anfänger berichten, daß sie zum ersten Mal in ihrem Leben Freude am Zubereiten von Mahlzeiten hatten. Ein unerwarteter Spaß vegetarischer Speisezubereitung ist die Tatsache, daß man nach dem Lernen einiger grundlegender Regeln, man diese Prinzipien leicht bei einer anscheinend endlosen Menge von Getreide, Gemüse, Kräutern und Nüssen anwenden kann. Wenn nun alle Ihre Anstrengungen, ein Vegetarier zu werden, fehlschlagen, so nehmen Sie sich einen Nachmittag frei und besuchen Sie ein Schlachthaus - dies wird Ihnen alle Ermutigung geben, die Sie brauchen.

Bei der Umstellung können Sie anfangs einige Schwierigkeiten haben, aber kaum soviel, wie beispielsweise bei der Aufgabe des Rauchens.

Viele Menschen finden die sofortige Belohnung (höheres Energie-Niveau, bessere Verdauung, erhöhte geistige Klarheit, angenehmeren Körpergeruch) so erfreulich, daß der Umstellungsvorgang zu einem schönen Erlebnis wird. Die strahlende Gesundheit, die sich ergibt, ist nicht nur körperlich; Sie werden die Freude fühlen, die durch die Verwirklichung humanitärer Ideale entsteht und durch die Zufriedenheit, die durch einen Liebesdienst an allen Geschöpfen (menschlichen und nicht-menschlichen) auf diesem Planeten entsteht. Das Essen vegetarischer Kost, die natürliche Speise für Menschen, fügt den lebenden Kreaturen unseres Planeten den geringsten Schaden zu und dies hilft uns, immer mehr der Einheit des Lebens gewahr zu werden.

Vegetarische Rezepte zum Probieren

Fruchtsalate
Salate
Salatsoßen
Kuchen
Eiscreme
Fruchtsaft-Getränke

Fruchtsalate

Fruchtsalat »Terry«
4 Portionen

1 Ananas
4 reife Kiwis
4 Apfelsinen
1 Banane
2 Handvoll Rosinen
(eingeweicht)
2 kl. Stangensellerie
Erdbeeren

Ananas zerteilen
Kiwis schälen und in Scheiben schneiden (oder halbieren und mit einem Teelöffel ausschaben)
Banane schälen und in Scheiben schneiden
Apfelsinen auspressen
Stangensellerie in Stücke schneiden
Erdbeeren waschen und in Stücke schneiden
Alles in die Schüssel geben und mit den Rosinen vermischen
Als volle Mahlzeit servieren

Fruchtsalate

Süßer Erdbeersalat

2 Portionen

3 große reife Bananen
1- 2 Äpfel
1 Tasse Erdbeeren
1-15 Datteln

*Bananen schälen und in Scheiben schneiden.
Äpfel waschen und in Scheiben schneiden.
Erdbeeren waschen und Datteln entsteinen.
Die Hälfte der Erdbeeren im Mixer zerkleinern, entsteinte Datteln zugeben und wieder mixen.
Alle Zutaten in eine Schüssel geben und servieren.*

Sommer-Fruchtsalat

Blaubeeren (Heidelbeeren)
Mangos
Äpfel
Bananen

*Mangos mit scharfem Messer schälen.
Das Mangofleisch vom Stein lösen und in eine Schüssel geben.*

Fruchtsalate

Mangos in der Schüssel zerschneiden. Blaubeeren waschen, Äpfel vierteln und in Scheiben schneiden, Bananen schälen und in Scheiben schneiden.
Alle Zutaten vermischen

Waldorf-Salat

Äpfel und/oder Birnen
Rosinen (eingeweicht)
Knollensellerie
getrocknete Aprikosen (eingeweicht)
Pfirsiche
Salat und/oder Kohl (nach Belieben)

Äpfel und Birnen waschen, vierteln, entkernen und in Würfel schneiden
Sellerie waschen und in Würfel schneiden, Salat waschen und zerpflücken, Kohl raspeln. Pfirsiche waschen und wie die Aprikosen in Würfel schneiden. (Getrocknete Aprikosen und Rosinen werden weich und saftig, wenn man sie über Nacht oder wenige Stunden in dampfdestilliertem Wasser[8] *einweicht). Pfirsiche enthäuten, entsteinen und zerdrücken.*

Fruchtsalate

Alle Zutaten in eine Schüssel geben und vermischen.Man kann auch einige ganze Kohl- oder Salatblätter auf die Teller legen und den Salat daraufgeben, oder den Salat mit den Blättern zu einer Rolle formen.

Ananas-Erdbeersalat mit Pekan- oder Walnüssen
3-4 Portionen

1 große Ananas
frische Erdbeeren
andere Beeren (Brombeeren, Blaubeeren, Himbeeren usw.) nach Belieben
3 - 5 Apfelsinen
8 - 12 Pekan- oder Walnüsse

Ananas zerteilen und in eine große Schüssel geben.
Erdbeeren waschen und zerschneiden.
Die anderen Beeren waschen.
Apfelsinen schälen, zerteilen und die Scheiben in Stücke schneiden.
Beeren und Orangen zu der Ananas geben.
Die Nüsse zerhacken oder mahlen. In die Salatschüssel geben und alles vermischen.

Fruchtsalate

Tutti-Frutti-Salat

Äpfel
reife Bananen
eingeweichte, getrocknete Ananas (keine mit Zucker gesüßten Ananas)
eingeweichte Rosinen

Äpfel schälen (falls nicht aus organischem Anbau), vierteln, entkernen und in Scheiben schneiden.
Bananen schälen und in Scheiben schneiden.
Getrocknete Ananas zerschneiden.
In einer großen Schüssel alle Zutaten mit den Rosinen vermischen.
Das Einweichwasser in den Salat gießen, es für sich trinken oder zum folgenden Dressing verwenden:

Reife Bananen und Einweichwasser im Mixer verflüssigen, über den Salat gießen und vermischen.

Fruchtsalate

Winter-Fruchtsalat

1-2 Portionen

3/4 Tasse getrocknete Aprikosen und Feigen (eingeweicht)
2 Bananen
1 Birne
1 großer Apfel

Salat Dressing

Das Einweichwasser mit 1/2 Banane in den Mixer geben und bei hoher Geschwindigkeit verflüssigen.
Die übrigen Bananen in Scheiben schneiden und in eine Salatschüssel geben.
Äpfel und Birnen schälen, entkernen und in Würfel schneiden, die Aprikosen und Feigen hinzufügen und alle Zutaten gut vermischen.

Fruchtsalate

Erdbeer-Rosinen-Salat
2 Portionen

1 Tasse Rosinen (eingeweicht)
Erdbeeren
2 große Äpfel
3 Bananen

Dressing: *Eine Banane mit dem Einweichwasser im Mixer bei hoher Geschwindigkeit verflüssigen.*

Erdbeeren waschen, zerteilen und in eine große Schüssel geben.
Äpfel waschen, schälen, vierteln, entkernen und in Würfel schneiden.
Bananen schälen und in Scheiben schneiden, hinzufügen und mischen.
Rosinen und Dressing dazugeben und alles gut mischen.

»Zesty« Fruchtsalat mit Dressing
8 Portionen

1/2 große Ananas
3-4 Papayas
4-6 Kiwis
1 Tasse Erdbeeren
1 Banane
1/2 Tasse Apfelsinensaft, frisch gepreßt

Fruchtsalate

In einer großen Schüssel geschälte, gewürfelte Ananas, Papayas, Kiwis und halbierte Erdbeeren mischen.
Im Mixer Banane mit Apfelsinensaft verflüssigen. Den Inhalt über die Früchte gießen und vorsichtig mischen.
In kleinen Schüsseln als Dressing für Fruchtstücke verwenden oder als Salat-Dressing.

Ananas-Beeren-Salat
3-4 Portionen

1 große Ananas
frische Erdbeeren
Brombeeren
Maulbeeren, Himbeeren,
Blaubeeren oder andere Beeren (wie vorhanden)
3 Apfelsinen

Ananas zerteilen, Erdbeeren waschen und zerschneiden, Beeren waschen.
Die Früchte in eine große Schüssel geben.
Apfelsinen schälen, zerteilen, Scheiben in Stücke schneiden und zu den anderen Früchten geben.
Alle Zutaten gut mischen und als Hauptmahlzeit servieren. Köstlich!

Köstlicher Sesam-Salat

3-4 Portionen

Salat, möglichst Kopfsalat
Sellerie
Blumenkohl
Gurken
3-6 Tomaten
Luzernesprossen
200-300 g Sesamsaat

Salat waschen, trocknen und zerkleinert in eine große Schüssel geben.
Sellerie waschen und zerschneiden, mit Blumenkohlröschen in die Schüssel geben, zusammen mit den geschälten, geschnittenen Gurken und den gewaschenen und zerschnittenen Tomaten.
Luzernesprossen hinzufügen und durchschütteln.
Die Sesamsaat mahlen, entweder in einer Nuß- und Samenmühle oder einer Getreidemühle und in die Schüssel geben.
Einige große reife Tomaten, geviertelt, in einem Mixer zerkleinern.
Einige in Stücke geschnittene Stangensellerie und, falls gewünscht, eine große geschälte, geviertelte Gurke.
Bei hoher Geschwindigkeit die Zutaten verflüssigen.

Den Mixerinhalt über den Salat gießen und alles gut vermischen.

Brokkoli-Nuß-Salat

Brokkoli	Erdnüsse
Sellerie	Pekan- oder Walnüsse
Kirschtomaten	Zitronensaft

Brokkoli und Sellerie waschen und klein schneiden
(doppelt soviel Broccoli wie Sellerie).
Eine gute Menge Kirschtomaten waschen und halbieren.
Nüsse hacken und Zitronensaft hinzufügen (pro Person 1/4 Zitrone).
Alle Zutaten in eine große Schüssel geben und gut mischen.
Luzerne- oder andere Sprossen können auf jede Portion gestreut werden (falls erwünscht).

Der Salat ist eine vollständige Mahlzeit. Er kann so gegessen werden oder mit einem Teller voll gewaschene ganze Salatblätter (Blatt- oder Kopfsalat) als Salatrollenfüllung.

Salate

Mexikanischer Salat

Avocados
1 Pampelmuse
1 Limone oder Zitrone
1/2 kl. Schalotte
Seetangpulver oder
Seetanggranulat
Rotkohl oder Weißkohl
Brokkoli
Sellerie
frische Petersilie
große Tomaten
kleine Tomaten
ein Spritzer Kräuterwürze oder salzfreie Gemüsewürze (falls vorhanden)

Avocados schälen, vierteln und auf einem Teller mit einer Gabel zerdrücken.
(Avocadoviertel, die sich nicht zerdrücken lassen, beiseite stellen).
Pampelmuse und Limone ausdrücken, den Saft in einen Mixer geben.
Eine halbe Schalotte oder eine vergleichbare Menge Zwiebeln, etwas Seetang und Gewürz hinzufügen. Avocado-Viertel dazugeben.
Mixer-Inhalt bei hoher Geschwindigkeit verflüssigen und mit den zerdrückten Avocados in einer großen Schüssel mischen.
Kohl, Brokkoli, Sellerie, Petersilie, große und kleine Tomaten zerschneiden.
Das zerkleinerte Gemüse in das Avocado-Mus geben und gut umrühren.

Salate

Mit ganzen Selleriestangen und Salatblättern servieren, als Sellerie-Tunke und als Füllung für die Salatblätter benutzen. Luzernesprossen können darübergestreut werden.

Chinakohl-Salat

2 Portionen

8 Blätter Chinakohl
2 rote Paprika
2 Avocados
Kirschtomaten (oder 3 reguläre Tomaten)
1 Pampelmuse

Chinakohl waschen und trocknen.
4 Blätter abschneiden und in eine große Schüssel legen.
Die übrigen 4 Blätter auf zwei Eßteller legen.
Rote Paprika waschen und zerschneiden.
Avocado vierteln, schälen und klein schneiden (oder halbieren und mit einem Löffel das Fleisch ausschälen).
Paprika und Avocados sowie die gewaschenen und halbierten (oder kleingeschnittenen Tomaten) in eine Salatschüssel geben.
Pampelmuse ausdrücken und den Saft darübergießen.

Salate

Gut umrühren und je einen Löffel Salat auf jedes Chinakohlblatt auf den Eßteller geben. Den übrigen Salat in Schüsseln servieren.

Das ergibt eine volle Mahlzeit.

Pekan- oder Walnuß-Salat

Salat, Grünkohl oder Mangoblätter
Sellerie
Tomaten
Paprika, süße rote oder grüne
Gurken
Brokkoli
weiße Rüben
Rosenkohl
Luzernesprossen
gemahlene Nüsse

Alle (oder einige der genannten) Zutaten kleinschneiden, zusammengeben und servieren. (Die weißen Rüben vorher schälen)
Je mehr gemahlene Nüsse man nimmt (bis 100 g pro Person), desto mehr füllt und sättigt der Salat.

Salate

Vegetarischer Salat

Kopfsalat oder anderer Salat
Chinakohl
Tomaten
Avocados
Kirschtomaten (wenn vorhanden)
Pampelmusen, 1/2 pro Gedeck
Brokkoli
Sonnenblumenschößlinge, 2 pro Gedeck
Sonnenblumensaat, 75-100 g pro Gedeck
Sonnenblumen-, Linsen- oder andere Sprossen
frische Petersilie (wenn vorhanden)

Salat und Chinakohl zerpflücken, Tomaten in Scheiben schneiden, Petersilie fein hacken. Avocados vierteln, schälen, kleinschneiden. Kirschtomaten enthäuten und kleinschneiden. Pampelmuse halbieren und auspressen. Rosenkohl kleinschneiden . Brokkoli waschen und zerkleinern. Sonnenblumensaat (und Schößlinge) hinzufügen. (Die Sonnenblumensprossen sollten etwas zerschnitten werden) Alle Zutaten umrühren und als vollständige Mahlzeit servieren (oder zu einer Gemüsesuppe essen).

Salate

Erdnuß-Sonnenblumensalat

Für 2 Gedecke

75-100 g Erdnüsse (ungeröstet und ungesalzen)
75-100 g Sonnenblumenkerne
Salat
Sellerie
Sonnenblumensprossen, Luzernesprossen, Gurkensprossen (nach Belieben)

Salat waschen, trocknen und zerpflücken, in eine große Schüssel geben.
Sellerie waschen und zerkleinern.
Gurken schälen und in Scheiben schneiden.
Sonnenblumen- und Luzernesprossen zerschneiden.
Diese Zutaten mit den Erdnüssen und Sonnenblumensaat durchschütteln.
Dieser Salat kann mit oder ohne Dressing serviert werden. Eine einfache, passende Soße kann hergestellt werden aus gemixten Erdnüssen oder Sonnenblumenkernen, Sellerie und Tomaten.
Tomaten bei hoher Geschwindigkeit zerkleinern.
Sellerie waschen, in Stücke schneiden und zu den Tomaten geben.

Nüsse und Kerne zugeben und so lange mixen, bis alles glatt ist.

Brokkoli-Kohl-Mischung

Kohl (Chinakohl)
Kopfsalat oder anderer Salat
Brokkoli
Tomaten
weiße Rüben oder Kohlrabi
Luzernesprossen
Hülsenfrüchte (Erbsen, große Bohnen, Linsen o. a.)

Kohl, Salat und Brokkoli waschen und zerkleinern.
Tomaten waschen und zerschneiden.
Diese Zutaten in eine große Schüssel geben und Rübchen oder Kohlrabi kleinschneiden.
In die Schüssel geben, sowie Luzernesprossen und Hülsenfrüchte.
Alle Zutaten gut vermischen und in Schüsseln servieren.
Mit Nüssen, Samen oder Avocados macht dies eine volle Mahlzeit.

Auberginen-Salat

Für 2 Gedecke

1 Aubergine
3-4 Tomaten
Stange Sellerie
1 Avocado (nach Belieben)
Salat oder Sprossen

Die Aubergine schälen und in mundgerechte Stücke schneiden. In einen Topf oder eine Pfanne mit 3 cm Wasser geben.
Deckel auflegen und bei hoher Hitze zum Kochen bringen. Dann sehr klein drehen und 5 Min. ziehen lassen.
Die gedämpften Auberginen mit den gewaschenen und zerkleinerten Tomaten in eine große Schüssel geben.
Sellerie waschen und zerkleinern und in der Schüssel mit den anderen Zutaten vermischen.
Eine geschnittene Avocado kann hinzugefügt werden, um daraus eine Hauptmahlzeit zu machen.
Auf Salatblättern auf Tellern oder in Schüsseln servieren und mit Salat oder Sprossen garnieren.

Terry's Supersalat

Dieser gesunde Salat ist eine Hauptmahlzeit
4 große Portionen

1- 1 1/2 kg Tomaten
450 g Blumenkohl
4 mittlere oder große Avocados
(oder 450 g gemahlene Nüsse oder Samen)
4 Stangen Sellerie
4 große rote oder grüne Paprika
(vorzugsweise rot)
900 g Mangold und frisches Gemüse

Tomaten waschen und zerschneiden, Blumenkohl mit Stiel und Blättern hacken oder zerschneiden. Avocados vierteln, schälen und schneiden (oder gemahlene Nüsse oder Samen zufügen). Alle Zutaten in eine große Schüssel geben.
Sellerie und Paprika waschen und kleinschneiden, Mangold waschen und zerschneiden. Diese Zutaten mit in die Salatschüssel geben und alles vermischen.

Dieser Salat ist sehr knackig. Er kann auf viele Arten verändert werden, um verschiedene Geschmacksrichtungen zu erreichen. Z. B. kann

der Saft frisch gepreßter Pampelmusen zugefügt werden. Gehackte, weiße Rübchen, Kohlrabi oder Brokkoli ersetzen den Blumenkohl oder ergänzen ihn. Anstatt Mangold kann man andere grüne Kohl- oder Salatarten verwenden.

Spargelsalat
2 Portionen

900 g frischen (oder gefrorenen) Spargel
100 g rohe Kürbissamen (kleine) oder ersatzweise gehackte Mandeln
4 Blätter Römischen Salat
2 große oder 4 kleine Tomaten
große oder 2 kleine Mangolde
1 Pampelmuse (nach Belieben, wenn die Tomaten nicht viel Geschmack haben)

Der Spargel kann entweder roh oder gekocht verwendet werden (oder man kombiniert beide). Falls man den Spargel roh verwendet, nur die zarten Spitzen nehmen oder so weit, wie der Spargel noch roh schmeckt . Falls gekochter Spargel vorgesehen ist, schälen und 2-3 Min. lang kochen (nicht zu lange kochen lassen)

Salate

Man kann die zarten Spitzen roh essen und die härteren Teile kochen und beides zusammen für den Salat benutzen.
Den Spargel in Stücke schneiden und in eine große Salatschüssel geben, wie auch die Kürbissamen (oder die abgezogenen, gehackten Mandeln).
Den Römischen Salat waschen, trocknen und zerkleinern, ebenso die Tomaten und beides in eine große Schüssel geben.
Sellerie und Mangold waschen und zerschnitten hinzufügen.
Wenn die Tomaten wenig Geschmack haben, Pampelmusensaft hinzufügen.
Gut mischen und die Zutaten mit einem Schälmesser zusätzlich zerkleinern.

Reissalat

Brauner Reis (Naturreis)
Dampfdestilliertes Wasser[8)]
Rotkohl, Sellerie
Sprossen (Bohnen, Linsen, Luzerne, Sonnenblumen)
Salat
Avocado
Sojasoße (nach Belieben)

Salate

In einem Topf mit gut schließendem Deckel bringt man 1 Teil Reis und 2 Teile dampfdestilliertes Wasser [8)] zum Kochen. Herunterschalten auf kleine Hitze und 35-40 Min. kochen lassen, bis alles oder fast alles Wasser vom Reis aufgenommen worden ist. Den gekochten Reis in eine große Schüssel geben. Ein wenig Sojasoße zugeben und gut verrühren.*
Den Rotkohl und den gewaschenen Sellerie hacken und zum Reis geben.
Sprossen (und Avocado) hinzufügen.
Alle Zutaten mischen.
Ungefähr die Hälfte der Mischung sollte aus frischem Gemüse bestehen. Eine größere Portion Gemüse macht den Salat noch bekömmlicher.
In Salatschüsseln oder auf Tellern mit Salatblättern servieren.

*Dampfdestilliertes Wasser können Sie sich mit einem Heimdestilliergerät selbst herstellen. Lieferhinweise erhalten Sie auf Anfrage von der »Gesellschaft für natürliche Lebenskunde e. V.« in 2862 Worpswede, Postfach 1212.

Salate

Zucchinisalat

Für 2 Gedecke

Zucchini, in Würfel geschnitten,
(1 Dämpfer voll)
4-5 Stangen Sellerie
Möhren
Kohl, Brokkoli oder ähnliches Gemüse
der Jahreszeit
Kohlspitzen
1 Stange Brokkoli und/oder eine vergleichbare
Menge anderes Gemüse
2 Avocados
Hülsenfrüchte oder Seetang
salzfreies Kräutergewürz

Zucchini waschen, in mundgerechte Stücke schneiden und 8-10 Min. kochen.
In der Zwischenzeit 2 Stangen Sellerie waschen und fein schneiden.
Kohl, Brokkoli und/oder anderes Gemüse fein zerkleinern und in eine große Schüssel geben.
Möhren und den verbliebenen Sellerie waschen und zum Schnellzerkleinern vorbereiten.
Möhren und Sellerie raspeln.

Avocados halbieren und entsteinen, mit einem Teelöffel das weiche Fruchtfleisch herausnehmen und in den Mixer geben.
Bei hoher Geschwindigkeit cremig schlagen.
Eine Handvoll Hülsenfrüchte in kaltem Wasser waschen, in den Mixer geben und wieder mixen mit dem Kräutergewürz zusammen.
Die gedämpften Zucchini, den Mixerinhalt und das Gemüse in eine Schüssel geben und gut mischen.
Als vollständige Mahlzeit servieren oder zu einer Platte mit gewaschenem Salat und/oder anderem rohen Gemüse reichen.

Erbsensalat spezial
Für 2 Gedecke

1 große gelbe Rübe (Steckrübe)
1000 g frische oder gefrorene Erbsen
5 Blätter Chinakohl
3 mittlere rote Kartoffeln
450 g Brokkoli
2 Avocados
rote Paprika

Salate

Die gelbe Rübe schälen, aber nicht die Kartoffeln. Nach hoher Anfangshitze 20 Min. bei kleiner Hitze garen (man kann die gelbe Rübe in Stücke schneiden, so daß sie die gleiche Größe haben wie die Kartoffeln).
Erbsen 7 Min. bei kleiner Hitze dämpfen.
Chinakohlblätter waschen und schneiden, Brokkoli zerkleinern, dabei die kleineren Röschen ganz lassen, Avocado schälen und zerkleinern, rote Paprika waschen und schneiden.
Die gedämpften Kartoffeln und gelbe Rübe abkühlen lassen, kleinschneiden und in eine große Schüssel geben, kleingeschnittenes Gemüse und Avocado hinzufügen.
Die Zutaten gut mischen und servieren.

Süßkartoffeln-Sprossensalat

Rote Süßkartoffeln
Luzernesprossen
Sellerie
Kohl
Kopfsalat (nach Wunsch)
Möhren
Avocados

Die Süßkartoffeln 15-20 Min. leicht kochen oder roh benutzen.
Luzernesprossen zerkleinern und in eine große Schüssel geben. Sellerie waschen, Blätter abschneiden und kleinschneiden.
Kohl raspeln.
Süßkartoffeln abkühlen lassen.
Währenddessen die Möhren waschen und in einer Saftpresse (am besten »Champion-Entsafter«) Möhrensaft herstellen.*
Saft in den Mixer geben.
Avocados abschälen und vierteln, das Fruchtfleisch mit in den Mixer geben, bei hoher Geschwindigkeit cremig schlagen.
Süßkartoffeln zerschneiden und zur Salatschüssel geben wie auch den Mixerinhalt.
Gut mischen und in Schüsseln servieren oder auf Salatblättern als Sandwich reichen.

---

* Lieferhinweise erhalten Sie auf Anfrage vom Fit-fürs-Leben-Informationsdienst, Stendorfer Straße 3, 27718 Ritterhude.

Salatsoßen

Birnen-Dressing (Fruchtsoße)

getrocknete Birnen
frische Birnen (nach Wahl)
Bananen

Trockenbirnen über Nacht in dampfdestilliertem Wasser einweichen.
Eingeweichte Birnen und Einweichwasser in den Mixer geben.
Frische Birnen schälen, vierteln, entkernen und hinzufügen.
Bananen schälen und mit den anderen Zutaten gut mixen.

Aprikosen Salat-Dressing

Getrocknete oder frische Aprikosen
destilliertes Wasser [8]

Getrocknete Aprikosen über Nacht oder einige Stunden in dampfdestilliertem Wasser [8] einweichen.
Frische Aprikosen waschen und entsteinen.
Aprikosen und Einweichwasser bei hoher Stufe mischen. Falls nötig, etwas Wasser zugeben.

Salatsoßen

Pfirsich-Bananen-Dressing

4-5 Pfirsiche
2 Bananen

Pfirsiche waschen und entsteinen . Im Mixer bei hoher Stufe verflüssigen.
Bananen schälen, in Hälften brechen und mit dem Pfirsichbrei weich mixen.
Wenn notwendig, den Mixer ausschalten, Deckel abnehmen, mit einer Gabel oder einem Löffel umrühren, Deckel wieder aufsetzen und weiter mixen.
In kleinen Schüsseln als Dressing für Fruchtstücke verwenden oder als Salat-Dressing.

Erdnußdressing

Tomaten
Zitronen oder Limonensaft (nach Belieben)
Erdnüsse (ungeröstet und ungesalzen)

Tomaten waschen und vierteln, im Mixer zerkleinern.
Etwas Zitronensaft zufügen und wieder mixen.

Salatsoßen

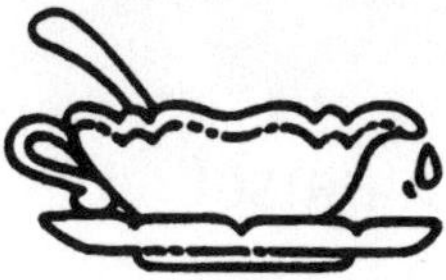

Bei laufendem Messer allmählich Erdnüsse zufügen,bis die Masse sämig wird.
Über Gemüsesalat geben oder als Dip verwenden.

Würziges Dressing

Für 1-2 Gedecke

1 große oder 2 kleine weiche Avocados
Limone oder Zitrone
2 kleine Tomaten
Meersalz
Gemüsebrühwürfel

Die Avocados vierteln, entsteinen, schälen und das Fleisch auf einen Teller legen.
Mit einer Gabel zerdrücken und in eine Schüssel geben.
Limone oder Zitrone auspressen.
Die Tomaten waschen und vierteln, mit dem Saft zusammen in den Mixer geben und pürieren.
Zu dem Avocadomus geben.
Meersalz und Gemüsebrühe hinzugeben und umrühren, dann abschmecken.

Salatsoßen

Servieren zu roten Paprikascheiben, Stangensellerie, Gurkenscheiben, gewaschenen Salatblättern, Broccoliröschen und -stielen, Blumenkohl usw.

Anmerkung: So schnell wie möglich essen, da sich Avocadomus nicht lange hält. Man kann dem Dressing auch 2 Stangen Sellerie zugeben.

Pikantes Möhren-Avocado-Dressing

6-8 Möhren (aus organischem Anbau)
4-5 Selleriestangen
2 Avocados
oder Seetang zum Abschmecker;

Möhren und Sellerie entsaften, Saft in einen Mixer geben.
Avocados vierteln, entsteinen und schälen, im Mixer mit dem Saft cremig schlagen.
Seetang waschen, um das Salz zu entfernen, mit dem Gewürz in den Mixer geben und alles vermischen.
Als Salatsoße verwenden.

Salatsoßen

Bananen-Dressing

Sehr reife Bananen halbieren.
Eine Bananenhälfte in den Mixer geben.
Bei hoher Geschwindigkeit verflüssigen.
Dann mehr Bananenhälften zugeben und fertig mixen.

Paradieskuchen

450 g Kokosmehl, ungesüßt (es kann auch Kokosraspel verwendet werden)
450 g Nüsse (Pekan, Mandeln, Hasel- oder Walnüsse)
300 g eingeweichte Trockenfrüchte (Feigen, Rosinen und/oder Datteln)
8-10 mittlere Bananen
Frische Früchte (Pflaumen, Pfirsiche, Äpfel, Birnen, Ananas, Erdbeeren o. ä.)

Die eingeweichten Trockenfrüchte mit dem Einweichwasser im Mixer pürieren. Nüsse mahlen (Kokosraspel mahlen). Nußmehl in eine große Schüssel geben, Trockenfruchtmischung zugeben und gut mischen. Zu diesem Zeitpunkt sollte die Mischung feucht sein, aber zusammenhalten. Wenn nötig, mehr Nüsse oder Wasser zufügen. Die Bananen in Scheiben schneiden und die Früchte in mundgerechte Stücke schneiden. In die Schüssel geben und gut durcharbeiten. Die Mischung gleichmäßig in eine große längliche Kuchenform oder zwei kleinere Kuchenformen füllen und mit Kokosraspeln bestreuen.

Kuchen

Kuchen für mehrere Stunden in die Kühltruhe stellen. Wenn er fest ist, aber noch nicht gefroren, ist er richtig zum Verzehr.

Erdbeer-Mürbekuchen

Mandeln
Dampfdestilliertes Wasser
Frische Erdbeeren
Weizen-Vollkornmehl

Mandeln in einer Nußmühle mahlen, das Mehl in eine Schüssel geben und gerade soviel Wasser zugeben, daß es feucht ist.
Gut mischen und eine sehr dünne Schicht in ein Gefäß geben.
Erdbeeren waschen und zerkleinern, bis sie saftig werden. Falls erforderlich, ein bißchen mit einer Gabel musen.
Erdbeeren über die Mandelschicht schütten und servieren.

Falls Milch oder Sahne dazu gewünscht wird, kann man gesunde vegetarische Mandelmilch oder -sahne herstellen.

Mandeln mit kochendem Wasser übergießen und die Häute abziehen.
Einen Teil Mandelkerne mit 4 Teilen dampf-destilliertem Wasser[8] *zu Mandelmilch oder zu gleichen Teilen zu Sahne mixen.*
Nußmilch oder -sahne über den Erdbeerkuchen geben.

Eiscreme

Natur Bananeneiscreme

Reife Bananen

Die reifen Bananen schälen, flach in eine Gefriertüte legen, verschließen und über Nacht oder über mehrere Stunden lang einfrieren.
Die Zusatzteile des Entsafters oder eines Mixers, die zum Zerkleinern der Bananen geeignet sind, mindestens 15 Min. vor der Zubereitung in der Kühltruhe kühlen. So verhindert man, daß die erste Banane bei der Verarbeitung schmilzt. Das Bananeneis darf erst unmittelbar vor dem Verzehr zubereitet werden. Man kann es auch nicht mehr einfrieren.
Den Entsafter montieren und eine Schüssel an der Öffnung unterstellen.
Die gefrorenen Bananen aus der Truhe holen, in Hälften brechen und in den Entsafter geben. Heraus kommt eine köstliche, cremige, gefrorene Speise. Dieser Eisgenuß ist hervorragend. Er ist angebracht bei heißem Wetter und bei besonderen Gelegenheiten. Das Eis ist eine volle Mahlzeit und sehr nahrhaft.

Eiscreme

Abwandlung:

Wenn man einige gefrorene Erdbeeren mit durch den Entsafter gibt, entsteht eine phantastische rosa Eiscreme.
Mit den Bananen abwechselnd getrocknete Äpfel in den Entsafter geben. Das Eis kann mit Fruchtsalat oder Fruchtsoße gereicht werden.

Champion-Entsafter*
Saftpresse, Gemüseraffel, Muspresse

Boy-5000*
Destilliergerät luftgekühlt, Leistung ca. 0,8 l per Stunde

---

* Lieferhinweise erhalten Sie auf Anfrage vom Fit-fürs-Leben-Informationsdienst, Stendorfer Straße 3, 27718 Ritterhude.

Fruchtsaft-Getränke

Köstliche Getränke
kann man im Mixer aus frischen Früchten herstellen: Aus Melonen, Ananas, Apfelsinen, Mandarinen (vorher schälen und in Stücke teilen), aus Weintrauben,Erdbeeren, Äpfeln, Birnen, Bananen usw. Je nach Geschmack und Vorrat trinkt man den Saft einer Frucht für sich oder als Mixgetränk.

Fruchtkugeln

1 Tasse Datteln
1 Tasse Feigen (eingeweicht)
1 Tasse Rosinen (eingeweicht)
1 Tasse Nuß- und/oder Mandelkerne (keine bitteren)
1 Tasse Kokosraspel
1 Stange Vanille

Datteln, Feigen und Rosinen waschen. Datteln entsteinen, Feigen in Stücke schneiden. Datteln, Feigen und Rosinen nacheinander im Schnellzerkleinerer zu Brei verarbeiten. Nuß- und/oder Mandelkerne mahlen. Fruchtbrei, Nußmus und Mark der Vanillestange in einer Schüssel mischen. Mit einem Teelöffel Portionen abnehmen und in Kokosflocken wenden. Mit den Händen Kugeln formen. Kühl aufbewahren.

Gesund - durch natürliche Lebensweise

Immer mehr Menschen sind immer mehr krank - trotz vieler neuer »medizinischer Erfolge«. Zivilisationskrankheiten wie Krebs, Herz- und Kreislaufstörungen, rheumatische Erkrankungen, Magen- und Darmleiden, Allergien und Mißbildungen nehmen von Jahr zu Jahr zu.

Woran liegt das? Die Antwort ist ganz einfach - aber für die meisten Menschen unbequem. Es liegt an der Mißachtung der Naturgesetze durch die Menschheit. Nur wenn wir wieder zu einer natürlichen Lebensweise finden, wird sich das krankhafte Dasein unserer Welt ändern. Dies hat sich die ***Gesellschaft für natürliche Lebeskunde e. V.*** zur Aufgabe gestellt.

Wir verstehen uns als Förderer einer ***natürlichen, gesunden Lebensweise*** und wollen dafür die notwendigen Voraussetzungen schaffen durch:

1. ***Aufklärungsarbeit*** über die positiven Auswirkungen gesunder natürlicher, umweltbewußter Lebensweise in den Bereichen Ernährung, Garten- und Landeskultur, Wohnen und Hauswirtschaft, Kleidung.

2. ***Darstellung*** der möglichen Wege zu einer natürlichen Lebensweise sowie geistiger und ethischer Bewußtseinsbildung. Hierzu gehören auch Bewegung an frischer Luft, richtige Lebensmittelzusammenstellung, Erlangung seelischer Gesundheit, denn Körper, Geist und Seele stellen eine Einheit dar.

3. Wir führen ***Seminare***, Vortragsveranstaltungen, Buch- und andere Veröffentlichungen, Einrichtungen von Gesundheitsschulen und Fastenhäusern durch und planen die Ausbildung von »Gesundheits-

Praktikern«, die Betreibung praktischer Anschauungsmodelle wie kleiner Gärten, Gärtnerhöfe und Vesuchsanlagen mit wissenschaftlicher Begleitung.

4. Wir ***eröffnen gleichgesinnten Menschen*** die Möglichkeit zum ***Meinungs- und Informationsaustausch*** sowie Zusammenkünften. Wir arbeiten mit Ärzten, Heilpraktikern, Krankenkassen, Schulen, Kindergärten, Verbraucherberatungsanstalten, Altentagesstätten u. ä. im In- und Ausland zusammen.

5. Die ***Lebenskunde e. V.*** arbeitet weltweit mit Gesundheitsorganisationen, vorwiegend in USA, Kanada, Frankreich, England und Australien zusammen und veröffentlicht die hier erarbeiteten Erkenntnisse u. a. im Rahmen ***»Fit fürs Leben«.***

Durch Ihre Mitgliedschaft bei der ***Lebenskunde e. V.*** können Sie dazu beitragen, die genannten Ziele zu verwirklichen. Als Mitglied erhalten Sie regelmäßig unsere Vereinsschrift, das Lebenskunde-Magazin.

Wollen Sie mitmachen? Ja? Dann schreiben Sie uns und werden Sie Mitglied bei uns!

Lebenskunde e. V.
Stendorfer Straße 3
D - 27718 Ritterhude

Literaturverzeichnis

[1] *Walter Sommer*
»Das Urgesetz der natürlichen Nahrung«,
Verlag Walter Sommer, Ahrensburg/Holst.

[2] *Are Waerland*
»Handbuch der Gesundheit«,
Humata Verlag, Pforzheim.

[3] *Rev. G. J. Ouseley*
»Das Evangelium des vollkommenen Lebens«, Humata Verlag, Pforzheim.

[4] *Dr. med. H. H. Reckeweg*
»Schweinefleisch und Gesundheit«,
Aurelia Verlag, Baden-Baden.

[5] *Viktoras Kulvinskas*
»Leben und Überleben«,
Hirthammer Verlag, München.

[6] *Udo Renzenbrink*
»Ernährung in der zweiten Lebenshälfte«,
Verlag Freies Geistesleben, Stuttgart.

[7] *Manfred G. Langer*
»Gesund werden-gesund bleiben mit SonnenKost«
Waldthausen Verlag

[8] *Dr. Paul C. Bragg*
»Wasser das größte Gesundheitsgeheimnis«
Waldthausen Verlag

Barbara Parham
»What's wrong with eating meat«,
Ananda Marga Publications, Denver.

»A Vegetarian Manifesto«, *Frances Moore Lappe,* in Ramparts.

»Artheriosclerotic Disease: an Anthropologic Theory«, *W. S. Collins* in Medical Counterpoint
»Eating for Life«, *Nathaniel Altman.*

»Food First«, *Frances Moore Lappe* and *Joseph Collins,* in Renaissance Universal Journal.

»The Health Secrets of a Naturopathic Doctor«, *M. O. Garten.*

»Here's What You Should Know About Vegetarianism«, *Grotta-Kurska,* in Today's Health.

»Is There Really A Food Shortage?«, *John Powell,* in Nothwest Passage.

»The Morality of Meat«, *Andy Clark,* in Portland Scribe.

»The Next Crisis: Universal Famine«, *Michael T. Malloy,* in National Observer.

»Protein for Vegetarians«, *Gary and Steve Null*

»PROUT - A New Ideology for a New Era«, *Prout Publications.*

»Summary of Results of Adventist Mortality Study, 1958-65«, *School of Health,* Loma Linda University

»Vegetarianism: A Force Against Famine?«, *C. E. Fager,* in Christian Century

Literaturverzeichnis

der natürlichen Gesundheitslehre

Die Bücher können Sie bei Ihrem örtlichen Lebenskunde-Studienkreis, bei der Bionika Versandbuchhandlung, 27718 Ritterhude, oder bei Ihrem nächsten Buchhändler beziehen. Wenn Ihr Buchhändler das von Ihnen gewünschte Buch nicht hat, bitten Sie ihn, im VLB (Verzeichnis lieferbarer Bücher) nachzusehen.

»Fit fürs Leben – Die Zeitschrift für Ihre Gesundheit«

Henry L. N. Anderson
»Ihre Gesundheit liegt in Ihrer Hand«

Hans Baumgardt
»Gesunde Kinder durch natürliche Lebensweise«
»Ohne Fleisch geund leben«
»Ursachen und Heilung von Allergien«
»Wo finde ich was?« (Wegweiser für Gesundheitsliteratur)

Divna Omaljev-Bongartz
»Tagebuch einer Schwangerschaft mit SonnenKost«

Dr. Paul C. Bragg
»Füße die Dich tragen«
»Gesund essen ohne Irrtümer«
»Wasser – das größte Gesundheitsgeheimnis«
»Wunder des Fastens«

Harvey und Marylin Diamond
»Fit für's Leben, Teil 1«
»Fit für's Leben, Teil 2«

Marylin Diamond
»Neue Eßkultur mit SonnenKost«

Prof. Arnold Ehret
»Die schleimfreie Heilkost«
»Vom kranken zum gesunden Menschen durch Fasten«

T. C. Fry
»Dynamische Gesundheit«
»Nie wieder Herpes«
»Reines Wasser für die Gesundheit«

Dr. Zane R. Kime
»Sonnenlicht und Gesundheit«

Manfred G. Langer
»Gesund werden - gesund bleiben mit SonnenKost«

Prof. Dr. Michael Lukas Moeller
»Gesundheit ist eßbar«

Dr. Bob Owen
»Das Krebstagebuch der Ärztin Anne Rush«
»Roys Heilung von AIDS«

Dr. Herbert M. Shelton
»Fasten kann Ihr Leben retten«
»Richtige Ernährung mit natürlicher Nahrung«
»Syphillis – Irrtum der Medizin?«

Dr. John Tilden
»Mit Toxämie fangen alle Krankheiten an«

Dr. Norman W. Walker
»Auch Sie können wieder jünger werden«
»Darmgesundheit ohne Verstopfung«
»Frische Frucht- und Gemüsesäfte«
»Strahlende Gesundheit«
»Tägliche frische Salate erhalten Ihre Gesundheit«
»Wasser kann Ihre Gesundheit zerstören«
»Zurück aufs Land«

Helmut Wandmaker
»Willst Du gesund sein? Vergiß den Kochtopf!«

Stichwortverzeichnis

Unsere Buchempfehlungen

Marilyn Diamond

Neue Eßkultur mit SonnenKost

Nach »Fit für's Leben« I und II werden Sie dieses Rezeptbuch willkommen heißen, das die Ernährungsgrundsätze der »natürlichen Gesundheitslehre« unterstützt, die dem »Fit fürs Leben Programm« zugrunde liegen. Dieses Buch macht es Ihnen leicht, Ihre Ernährung auf SonnenKost umzustellen, denn es enthält auch Rezepte für Übergangskost, so daß Sie sich langsam auf reine SonnenKost umstellen können. Hier finden Sie Rezepte für frische Säfte, Obstsalate, knackige grüne Salate, Suppen, Sandwiches und auch Festtagsmenüs, die obendrein noch Spaß bei der Zubereitung machen. Es werden keine Kalorien mehr gezählt. Mit diesem neuen Eßvergnügen essen Sie natürlich und gesund.

Dr. *Norman W. Walker*

Täglich frische Salate erhalten Ihre Gesundheit

Dr. *Walker* beschreibt die Bedeutung der Vitalstoffe (Enzyme, Vitamine, Mineralstoffe, Faserstoffe) in unserer täglichen Kost. Diese finden wir nur in natürlichen Lebensmitteln, nicht in »verarbeiteten« oder sogenannten »veredelten« Nahrungsmitteln, die aus der Fabrik kommen. Er erklärt die Zusammenhänge der Verdauung, die Anatomie des menschlichen Körpers, die überaus wichtige Rolle des Dickdarms für unsere Gesundheit sowie der endokrinen Drüsen, Fußakupressur, Krankheitsursachen, alle Aminosäuren usw. Außerdem werden fast alle gängigen Gemüse-, Salat- und Fruchtarten beschrieben. Das Buch enthält mehr als 100 Rezepte für Salate, Salatsoßen, Festmenüs usw.

Waldthausen Verlag · 27718 Ritterhude